«Nancy Guthrie es una de las m[illegible] he escuchado o leído. Su estilo, incluso por escrito, es coloquial. Es como si estuvieras tomando una taza de café con una amiga mientras esbozan los temas centrales de la historia bíblica, desde Génesis a Apocalipsis. El Edén era maravilloso, pero la nueva creación será incluso más maravillosa que la primera... no porque este mundo ya no exista, sino porque será mucho más. No solo será el final del pecado y de la muerte, sino también el comienzo de la clase de justicia y vida que nuestro cerebro no puede comprender en este momento. Sin embargo, sí podemos vislumbrar algunas cosas... entre ellas, las que Guthrie destaca con tanta calidez, entusiasmo y habilidad».

Michael Horton, profesor de teología y apologética de la cátedra de J. Gresham Machen, Seminario de Westminster en California; coanfitrión, *White Horse Inn*; autor, *Core Christianity*

«*Mejor que el Edén* teje un tapiz glorioso con una variedad de hilos escriturales. Nancy Guthrie enhebra nueve hilos magníficos desde la creación hasta la consumación, que proveen una introducción accesible a la metanarrativa bíblica. Cada hilo, cuando se desarrolla, revela la belleza y el esplendor de Jesús. Las páginas de este libro me llenan de anticipación entusiasta ante el día en que llegaremos a nuestro hogar, el cual será aun mejor que el Edén, y la obra completa de arte se revelará en toda su gloria».

Karen Hodge, coordinadora del ministerio de mujeres, Presbyterian Church in America

«Uno de los puntos débiles de gran parte de la enseñanza popular cristiana sobre la Biblia es la tendencia a leer la historia bíblica de manera circular, como si Jesucristo hubiera venido al mundo para llevarnos de regreso al Edén. Nancy Guthrie marca un mejor rumbo en su libro. En una manera profundamente bíblica y práctica, traza nueve temas bíblicos por una trayectoria en común, desde su comienzo en la creación buena de Dios, a través de su destrucción y devastación por el pecado de Adán, hasta las maneras en que Cristo perfecciona, consuma y corona cada tema mediante Su sufrimiento y gloria. Permite que Guthrie te lleve de la mano y te guíe por la Biblia hasta Jesucristo, en quien encontramos una mejor provisión, una mejor vida, una mejor identidad, un mejor descanso, un mejor vestuario, un mejor cónyuge, un mejor salvador, un mejor santuario y una mejor ciudad que este mundo en su estado presente jamás podría darnos».

Scott Swain, presidente y profesor de teología sistemática de la cátedra James Woodrow Hassell, Seminario Teológico Reformado, en Orlando

«Como pastor he descubierto que los cristianos necesitan ayuda para aprender a contar su propia historia, de forma tal que la conecten correctamente con lo que Dios ha preservado para nosotros en Su Palabra. Con *Mejor que el Edén,* Nancy Guthrie hace exactamente eso. Aquí tienes un libro que te capacitará para hablar de manera más cautivadora con otros sobre por qué y cómo es importante Jesús».

David Helm, pastor, Iglesia Holy Trinity, Chicago; autor, *Biblia ilustrada gigante*

«Este encantador libro te ayudará a ver, a través de nuevos ojos, los hermosísimos hilos en el intrincado tapiz de la historia bíblica. Recomendaré a muchos este perspicaz e informativo libro».

Jonathan Gibson, profesor adjunto de Antiguo Testamento, Seminario Teológico de Westminster, Filadelfia, Pennsylvania

Mejor que el Edén

Nueve formas en las que la historia bíblica cambia todo sobre tu propia historia

NANCY GUTHRIE

ESPAÑOL
NASHVILLE, TN

Mejor que el Edén: Nueve formas en las que la historia bíblica cambia todo sobre tu propia historia.

B&H Publishing Group
Nashville, TN 37234

Diseño de portada e ilustración por Cole Londeree

Director editorial: Giancarlo Montemayor
Editor de proyectos: Joel Rosario
Coordinadora de proyectos: Cristina O'Shee

Clasificación Decimal Dewey: 231.72
Clasifíquese: REINO DE DIOS/VIDA CRISTIANA

ISBN: 978-1-0877-3759-1

Impreso en EE. UU.
1 2 3 4 5 * 25 24 23 22

Como mujer que todavía tiene muchísimo que aprender pero que busca enseñar fielmente la Biblia, he tenido la bendición de estar rodeada de la enseñanza sólida, el ánimo personal, las opiniones útiles y la crítica bondadosa de diversos hombres capacitados en teología, y estoy sumamente agradecida.

Gracias, Dr. James Walters, por encender un fuego en mí en la Universidad John Brown con el primer trabajo que asignaste en la clase de vida cristiana sobre la gloria de Dios.

Gracias, Ray Ortlund Jr., por presentarme la teología bíblica y lo que significa ser reformado por gracia.

Gracias, Jean Larroux, por ser el primero en escuchar uno de mis mensajes y afirmar su presentación clara del evangelio.

Gracias, David Filson, por ser tan brillante, de manera que tuve que hablar contigo las ideas para este libro antes de empezar, por alentarme a cada paso del camino y por recomendarme a otros más allá de mi verdadera capacidad.

Gracias, Matt Bradley (¡y Leslie!) por su lectura meticulosa de este manuscrito y por la cuidadosa retroalimentación que siempre quise antes de enviar un libro al mundo.

Gracias, Nate Shurden, por ser un pastor tan sabio y fiel de tu grey, por orar fielmente por mí y por mi ministerio, y por ser una fuente constante de ánimo.

Por último, gracias a aquellos teólogos que me han ayudado tanto con este proyecto mediante conferencias grabadas, sermones, artículos y libros. Estoy especialmente agradecida a Greg Beale, J. V. Fesko, Ligon Duncan, Michael Horton y Lane Tipton.

Se pueden descargar en inglés preguntas de estudio bíblico personal para cada capítulo, y una guía para líderes que incluye respuestas posibles para el estudio bíblico personal, así como una guía de preguntas para debatir en http://www.nancyguthrie.com/even-better-than-eden.

Contenido

Introducción

Si te contara mi historia, probablemente hablaría del lugar donde empezó mi vida: en la ciudad de Kansas, Missouri; de mis padres: Claude y Ella Dee; de mi esposo David y mis hijos Matt, Hope y Gabriel. Te contaría sobre sucesos significativos en mi vida: dónde crecí, dónde fui a la universidad y empecé mi carrera, cómo conocí a David y me casé con él, cómo cambió mi vida con el nacimiento de mi hijo Matt, y cómo cambió aún más cuando mis hijos Hope y Gabriel murieron. Te contaría dónde vivo (en Nashville) y lo que hago allí día a día: escribo y enseño, evito el supermercado y el gimnasio, camino al parque con amigos, lavo la ropa, respondo correos electrónicos, edito mi *podcast*, voy a la iglesia, hago la cena, miro más televisión de lo que quisiera admitir y me voy a dormir. Todas estas cosas te dirían algo verdadero sobre mí y mi historia. Pero sencillamente, no serían los aspectos más significativos de mi historia. No serían las realidades más profundas que formaron mi pasado, presente y futuro.

Hay otra historia, una historia que se encuentra en las páginas de la Biblia —desde el libro de Génesis al de Apocalipsis— que forma y define de dónde vengo, por qué soy como soy, cómo es mi vida día a día y lo que me depara el futuro. Esta es la historia que explica mis alegrías más profundas así como los lugares vacíos, donde el contentamiento me esquiva. Esta es la historia que explica mi impulso para ser alguien y mi propensión a sentir que no soy nadie. Explica qué me hace llorar y por qué puedo reír. Esta historia explica mi deseo de dar una buena apariencia, mi anhelo de una buena vida, mi deseo de un hogar y seguridad, y mucho más.

Y lo sepas o no, esta misma gran historia —la historia que se encuentra en los 66 libros de la Biblia— también modela el mundo donde vives, la persona que eres y lo que quieres. Por esto tú y yo necesitamos conocer esta historia. Es ahí donde encontramos las respuestas a nuestras preguntas sobre lo que es verdaderamente importante ahora y en la eternidad. Esta historia tiene el poder de cambiar todo en nuestra historia.

Edén: donde tu historia comienza

La historia de la Biblia empieza en Génesis 1, cuando Dios crea los cielos y la tierra y coloca a Adán y a Eva en un jardín llamado Edén. Edén era deslumbrante y hermoso, y solemos imaginarlo como algo perfecto y supremo. A menudo hablamos de nuestros deseos para el futuro como la restauración del Edén o volver al Edén. Pero la realidad es que el Edén sobre el cual leemos en Génesis 1 y 2 todavía no era todo lo que Dios tenía en mente para Su creación. Era inmaculado; pero estaba incompleto. Derrochaba potencial; pero todavía no era todo lo que Dios quería para el hogar que compartiría con Su pueblo. Desde el principio mismo, Edén no fue creado para ser algo estático; tenía un rumbo.[1] De la misma manera, Adán y Eva todavía no eran todo lo que Dios quería para Su pueblo. No tenían pecado; pero todavía no eran gloriosos, al menos no tan gloriosos como Dios había planeado que fueran. Si Adán y Eva obedecían la Palabra de Dios para ellos, había algo mejor preparado.

No obstante, la triste historia del Edén es que Adán y Eva no obedecieron. Todo salió horriblemente mal en el Edén. Esta es la parte de la historia bíblica que explica por qué hay tantas cosas que salen horriblemente mal en nuestras historias. Es la parte de la historia que proporciona la respuesta más profunda a nuestros *porqués* en las heridas y tribulaciones que nos toca vivir.

Sin embargo, gracias a Dios, la historia que empezó en Edén no terminó ahí. El plan de Dios para Su mundo y Su pueblo no se vio frustrado por el pecado humano. Incluso ahora, Dios está cumpliendo Su plan de hacer mucho más que simplemente restaurar Su creación al estado de integridad que implicaba Edén. Cristo vino a lograr lo que se necesitaba para abrirnos el camino, no solo de regreso al jardín del Edén, sino a un hogar que será aún mejor que Edén, y a una vida que será todavía mejor que la que disfrutaban Adán y Eva allí.

¿Cómo será mejor? De eso se trata este libro. Cada capítulo abordará un tema que corre desde Génesis hasta Apocalipsis y que revela un aspecto de las excelencias y las superioridades del cielo nuevo y la tierra nueva (a los cuales podríamos llamar Edén 2.0, el nuevo Edén, la nueva creación, la ciudad venidera o la Nueva Jerusalén), superiores no solo a la vida en este mundo afectado por el pecado donde vivimos actualmente, sino incluso superior a lo que Adán y Eva experimentaron en el Edén original.

Pero este libro no se concentra solo en lo que pasará cuando Cristo regrese y establezca el cielo nuevo y la tierra nueva, porque la gloria, la vida, la intimidad, la seguridad y lo nuevo de ese futuro no están reservados exclusivamente para el futuro. Todavía no lo experimentamos de manera plena y completa como lo haremos algún día, pero está irrumpiendo en el aquí y ahora. Piensa en la manera en que Marcos empieza su Evangelio comunicándonos la buena noticia que Jesús empezó a compartir al principio de Su ministerio. Jesús dijo: «el reino de los cielos se ha acercado». Con la encarnación de Cristo, la frescura que viene solo de Él empezó a irrumpir en este mundo. Después, en Su resurrección, esta frescura empezó a inundar el mundo. Y sigue haciéndolo, a medida que el evangelio sale y es abrazado por personas de todas las naciones. El poder del evangelio sigue trayendo vida donde hay muerte, esperanza donde hay desesperación, belleza donde hay devastación.

A medida que el evangelio sale al mundo y las personas se aferran al Cristo resucitado por fe, la nueva creación continúa transformando este mundo. A esto se refería Pablo cuando escribió: «Si alguno está en Cristo, es una nueva creación. ¡Lo viejo ha pasado, ha llegado ya lo nuevo!» (2 Cor. 5:17, NVI). En otras palabras, estar unido al Cristo resucitado implica que la frescura y la gloria y la vida del mayor Edén irrumpan en tu vida aquí y ahora. Apropiarse de la gloria del futuro transforma tu sensación de vergüenza ahora. Un sentido establecido de la seguridad del futuro alivia tu temor de la muerte ahora. Una sensación cada vez mayor de identidad como ciudadano del cielo cambia tu autopercepción ahora. Asimilar realmente la relación de amor que disfrutaremos para siempre llena nuestro corazón de afecto por Cristo ahora.

Pablo escribió que somos aquellos «a quienes han alcanzado los fines de los siglos» (1 Cor. 10:11). Y si eso es cierto, queremos entender más sobre los fines de los siglos. Queremos ver lo que el jardín original tiene para mostrarnos sobre el jardín más seguro, más satisfactorio y más glorioso para el que estamos destinados a vivir para siempre, que será aún mejor que el Edén.

1

La historia del desierto

Te lo aseguro: soy la última persona del mundo que debería intentar enseñarte una palabra en otro idioma. En la escuela secundaria hice dos años de alemán, y dos semestres más en la universidad, y lo único que recuerdo es *ich bin,* que significa: «Yo soy». Ni siquiera recuerdo lo suficiente de alemán como para armar una frase completa con esas dos palabras. Una vez, después de hablar en una prisión de mujeres en Colombia, Sudamérica, quise poder saludar a cada mujer cuando venía a recibir el regalito que le habíamos llevado, y decirles en español: «El Señor te ama». Sin embargo, el idioma lo olvidaba continuamente. Mi esposo, David, tuvo que quedarse detrás de mí y repetirme la frase en español una y otra vez porque no había forma de que me saliera bien. ¿Quién sabe qué les habré dicho a esas mujeres?

Sin embargo, hay una frase en hebreo que quiero enseñarte, porque le añade muchísima dimensión a la historia que la Biblia cuenta, empezando con su primera frase. Además, es divertido decirla. ¿Listo? Aquí lo tienes: *tohu wabohu* (תהו ובהו).

Está ahí mismo, en las primeras oraciones de la Biblia. En la Biblia en español dice: «En el principio creó Dios los cielos y la tierra. Y la tierra estaba desordenada y vacía, y las tinieblas estaban sobre la faz del abismo» (Gén. 1:1-2). La Biblia empieza diciendo que Dios creó los cielos y la tierra y que estaba, en hebreo, *tohu wabohu*. Estaba «desordenada y vacía», o «un caos total» (NVI). *Tohu* significa «yermo caótico y sin forma», y *bohu* significa «vacío». Así que Génesis 1:2 nos dice que, cuando Dios creó los cielos y la tierra, al principio era un páramo inhabitable, un desierto desolado. No tenía ninguna forma. Era imposible que hubiera vida allí.

Supongo que siempre pensé que cuando Dios creó la tierra, la hizo con el poder de Su palabra tal como es. Pero evidentemente, lo que Dios creó con Su palabra era al principio una masa de materia sin forma, en la que nada podía vivir. Era la materia prima a la cual Dios le daría forma. Es más, había tres problemas significativos con la tierra cuando Dios la creó en primera instancia, según Génesis 1:2. No tenía forma, estaba vacía y oscura. Sin embargo, sí tenía esperanza. ¿Por qué? Porque «el Espíritu de Dios se movía sobre la faz de las aguas» (Gén. 1:2). El Espíritu de Dios se movía (o sobrevolaba) por encima de la profunda oscuridad de la tierra sin forma, como una gallina sobre un cosmos sin eclosionar.[1] Algo estaba por suceder. Dios, mediante Su Espíritu, y a través de Su Palabra, estaba a punto de iluminar, ordenar y llenar Su creación.

Así que allí mismo, en el primer capítulo de la Biblia, descubrimos que *tohu wabohu* no es ningún problema para Dios. A medida que Su palabra «Sea...» sale de Su boca, y que la energía creativa del Espíritu se mueve, lo que estaba oscuro fue inundado de luz, lo que era un caos recibió orden, y lo que estaba vacío quedó lleno de vida, belleza y propósito.

Esta sí que es una buena noticia. Porque, aunque quizás no te resulte conocido el término *tohu wabohu,* la realidad que representa sí puede resultarte dolorosamente familiar. Tal vez percibes que el lugar más profundo y sincero en tu interior es *tohu wabohu*: un vacío oscuro y siniestro. Quizás es un vacío producido por alguna pérdida. En algún momento, algo o alguien llenaba ese espacio en tu vida, pero ahora tu corazón se duele con el anhelo de lo que alguna vez fue. Ahora hay un espacio vacío en la mesa o una habitación vacía en la casa, o duermes en una cama vacía. En vez de tener planes y una sensación de propósito, una agenda y un futuro vacío se ciernen delante de ti. O tal vez el vacío en tu vida no está marcado por lo que alguna vez fue, sino por lo que nunca ha sido. Nunca hubo un anillo en tu dedo, un bebé en tu vientre o un título con tu nombre. Los sueños que a menudo has querido minimizar, por temor a que decirlos en voz alta de alguna manera termine aplastándolos, y por ende aplastándote, parecen estar fuera de alcance o del ámbito de la posibilidad. O quizás no puedes precisar exactamente por qué tienes esta sensación de vacío. Te das cuenta de que, en comparación con tantos otros que te rodean, tienes una buena vida. Sin embargo, tu alma alberga una sensación persistente de desilusión y descontento. A veces, parecería que la vida de casi todos los que te rodean está llena de propósito y significado, vida y amor, momentos divertidos y planes a futuro, lo cual pone de relieve el lugar vacío en tu vida.

A veces, tu sensación de vacío te acosa como un dolor persistente. Otras, te abruma como una agonía implacable. Tal vez has llegado a ver tu vacío como tu mayor problema. Tengo algo para decirte: Dios no lo ve así. Dios ve el vacío en tu vida como Su mejor oportunidad, porque hace Su mejor trabajo con lo que está *vacío*, llenándolo de Su ser.

Descontento en el jardín

Adán y Eva no tenían razón para sentirse vacíos. Su mundo estaba repleto de cosas buenas. Por donde miraran, encontraban todo aquello que Dios había creado con Su palabra y declarado que era bueno, incluso muy bueno. Los puso en un jardín paradisíaco, donde había plantado toda clase de árbol bueno para comer. Sencillamente, dijo:

«Produzca la tierra hierba verde, hierba que dé semilla; árbol de fruto que dé fruto según su género, que su semilla esté en él, sobre la tierra» (Gén. 1:11). Y así fue. Y Dios vio que era bueno.

Cualquiera que haya luchado para lograr que un árbol o un arbusto se arraigue en un suelo resistente, o que se haya pasado el día arrancando malezas del jardín para terminar viendo cómo estas ahogan sus dulces frutillas, o cualquiera que haya intentado echar a los topos al patio del vecino (¿quién haría semejante cosa?) no se puede imaginar lo que debe haber sido esto. Nada se ponía marrón ni se marchitaba ni secaba en el Edén. El pinchazo de una espina nunca hizo que Adán saliera corriendo a buscar un apósito. Adán y Eva habían recibido la tarea de llenar la tierra, someterla y ejercer dominio sobre ella. De la misma manera en que Dios trajo orden al caos inicial de Su creación, Adán debía extender el orden a Edén. Juntos, Adán y Eva debían fructificar y multiplicarse, para que su progenie extendiera los límites de Edén, llenándolo de hombres y mujeres que, al igual que Adán y Eva, portaran la imagen de su Creador, de manera que «la tierra [fuera] llena del conocimiento de la gloria de Jehová, como las aguas cubren el mar» (Hab. 2:14).

A la vida de Adán y Eva no le faltaba nada; tenían todas las razones para estar perfectamente contentos. Sin embargo, cuando la serpiente le sugirió a Eva que había algo que ella no tenía, algo que necesitaba para ser feliz (la sabiduría que obtendría al comer del árbol prohibido y la experiencia deliciosa de probar su fruto), Eva permitió que la perspectiva de la serpiente le diera forma a la de ella. En vez de contentarse con todas las cosas buenas que había recibido y que la rodeaban, Eva empezó a ver un lugar vacío en su vida, en su dieta, en su conocimiento y su experiencia. Su deseo de algo más, algo distinto que la provisión de Dios, junto con sus crecientes dudas sobre la bondad del Señor, la llevaron a buscar algo que pensó que la haría feliz y la satisfaría.

Ah, cómo se le debe haber vuelto amargo aquel bocado en el estómago a medida que caía en la cuenta de la realidad de lo que había hecho. Cómo debe haberle parecido tan tonto ese intento de alcanzar sabiduría, una vez que estaba del otro lado. Cuando Dios se volvió después de maldecir a la serpiente y les dijo a Eva y Adán cómo los afectaría esta maldición, seguramente entendieron que lo que ella había considerado un deleite era en realidad un desastre. Las mismas cosas que estaban para darles tanta alegría y satisfacción ahora les traerían dolor y frustración. Tener hijos y criarlos en el mundo ahora infectado por el pecado sería doloroso. Su matrimonio de una sola carne con Adán ahora estaría lleno de fricciones. El trabajo de Adán sería frustrante en vez de satisfactorio. Adán debía labrar la tierra. Pero ahora, se enfrentaba a un suelo trabajoso. La tierra daría fruto, pero también espinas que penetrarían en la carne de Adán.

Aquella chispita de descontento que Eva se permitió en el jardín seguramente se transformó en un fuego ardiente después de que ella y Adán fueron exiliados al desierto salvaje que lo rodeaba.[2] Pero el descontento crónico que la acosaba también probó ser una misericordia. Probó ser un recordatorio constante de que el contentamiento pleno y duradero existe solo en la vida que se les había prometido si hubieran obedecido, si hubieran podido deleitarse para siempre en el fruto del árbol de la vida. Pero ahora, ¿cómo lo obtendrían? Había ángeles vigilando y evitando que volvieran a entrar al jardín.

Dios mismo abriría un camino para que Su pueblo entrara a un jardín aún mejor que el Edén. Empezó llamando a un hombre que vivía en Ur (Abraham) a que viviera en la tierra que Dios le daría. No había ningún ángel que protegiera la entrada a aquella tierra cuando Abraham entró, pero es interesante que, cuando su nieto Jacob se fue más adelante para buscar una esposa, luchó con un ángel antes de poder volver a entrar. Sobre el final de la vida de Jacob, sus hijos no estaban viviendo en la tierra, sino que eran esclavos en Egipto. Entonces, Dios envió un libertador que anunció al pueblo de Dios que había «descendido para librarlos de mano de los egipcios, y sacarlos de aquella tierra a una tierra buena y ancha, a tierra que fluye leche y miel» (Ex. 3:8). Parecería como un nuevo Edén, ¿no?

Descontento en el desierto

Por desgracia, el camino a esta tierra edénica conllevó un desvío de 40 años en el desierto. Allí fue donde asomó la cabeza el descontento inherente a la vida en el desierto. Podemos leer al respecto en el libro que llamamos Números, pero que originalmente estaba titulado: «En el desierto». Moisés nos dice:

> Y la gente extranjera que se mezcló con ellos tuvo un vivo deseo, y los hijos de Israel también volvieron a llorar y dijeron: ¡Quién nos diera a comer carne! Nos acordamos del pescado que comíamos en Egipto de balde, de los pepinos, los melones, los puerros, las cebollas y los ajos; y ahora nuestra alma se seca; pues nada sino este maná ven nuestros ojos. (Núm. 11:4-6)

No es que no tuvieran nada para comer. Es que querían algo además del maná que Dios hacía caer sobre ellos cada día. En realidad, no tenían el estómago vacío. Sin embargo, sí tenían una sensación de vacío. Nos resulta algo familiar, ¿no? Igual que Adán y Eva, que tenían la libertad de comer de todo árbol del jardín excepto de uno, ¿y aún así se sentían privados? (Igual que yo cuando pido una Coca Cola dietética y el mesero dice: «¿Está bien una Pepsi dietética?»).

Cuarenta años después de que los israelitas permitieran por primera vez que su apetito le abriera la puerta a la queja, cuando sus hijos se preparaban para salir del desierto y entrar a la tierra que Dios había prometido darles, Moisés explicó por qué Dios había permitido que experimentaran un estómago vacío en primer lugar: «Y te afligió, y te hizo tener hambre, y te sustentó con maná, comida que no conocías tú, ni tus padres la habían conocido, *para hacerte saber* que no sólo de pan vivirá el hombre, mas de todo lo que sale de la boca de Jehová vivirá el hombre» (Deut. 8:3).

«Te hizo tener hambre». Permitió que sintieran su vacío. ¿Por qué? Para que sus puntadas de hambre, su descontento, los llevara a considerar cuidadosamente qué los satisfaría en forma plena, qué los llenaría. No era tan solo comida picante. Era una palabra divina, una presencia divina, una promesa divina, un poder divino para vivir con menos de todo lo que tal vez querrían en el desierto de este mundo. ¿Alguna vez consideraste el vacío que sientes a la luz de esto?

¿Te parece, quizás, que Dios te ha dejado pasar hambre de lo que sea que tienes tanta hambre para que aumente tu desesperación por Él, y te convenzas más de que Él es la fuente de lo que te llenará? ¿Crees que tal vez desee reentrenar tus apetitos, para redirigirlos fuera de este mundo, esta vida, incluso esta era, de manera que tu anticipación de la era venidera empiece a formar tu perspectiva respecto a lo que sea que te falta?

A medida que se preparaban para entrar a la tierra, Moisés le transmitió al pueblo esta promesa de Dios:

> Si obedeciereis cuidadosamente a mis mandamientos que yo os prescribo hoy, amando a Jehová vuestro Dios, y sirviéndole con todo vuestro corazón, y con toda vuestra alma, yo daré la lluvia de vuestra tierra a su tiempo, la temprana y la tardía; y recogerás tu grano, tu vino y tu aceite. Daré también hierba en tu campo para tus ganados; y comerás, y te saciarás. Guardaos, pues, que vuestro corazón no se infatúe, y os apartéis y sirváis a dioses ajenos, y os inclinéis a ellos; y se encienda el furor de Jehová sobre vosotros, y cierre los cielos, y no haya lluvia, ni la tierra dé su fruto, y perezcáis pronto de la buena tierra que os da Jehová. (Deut. 11:13-17)

Ah, cómo desearíamos que hubieran aprendido las lecciones que tenían que aprender durante esos 40 años en el desierto. Evidentemente, no lo hicieron. En vez de vivir de toda palabra que sale de la boca del Señor, consumieron todo lo que les servían los cananeos que vivían en la tierra. Aquello que Moisés les había advertido que sucedería si no obedecían a Dios se transformó en una dura realidad. Dios usó el ejército de Babilonia para traer juicio sobre Su pueblo. Como consecuencia de su destrucción, la tierra de la leche y la miel se transformó en un desierto. El profeta Jeremías describió cómo quedó Israel después de que las tropas de Babilonia descendieran sobre ellos:

> Miré a la tierra, y he aquí que estaba *asolada y vacía*; y a los cielos,
> y no había en ellos luz. [...]

> Miré, y he aquí el campo fértil era un desierto, y todas sus ciudades eran asoladas delante de Jehová, delante del ardor de su ira. (Jer. 4:23, 26)

¿Viste allí nuestra nueva frase en hebreo, *tohu wabohu*? Jeremías toma prestado lenguaje de Génesis 1:2 para describir la condición de Judá bajo la devastadora destrucción del ejército babilonio. Una vez más, la tierra había quedado «asolada y vacía», *tohu wabohu*. Habían recibido una tierra de leche y miel, y ahora había quedado transformada en un desierto estéril. Vacía de belleza. Vacía de vida. Vacía de gozo.

Pero este no fue el final de la historia. Jeremías también recibió una visión de lo que habría de venir cuando el pueblo de Dios dejara atrás su existencia desértica en Babilonia para regresar a casa. Profetizó: «Y vendrán con gritos de gozo en lo alto de Sion, y correrán al bien de Jehová, al pan, al vino, al aceite, y al ganado de las ovejas y de las vacas; y su alma será *como huerto de riego,* y nunca más tendrán dolor» (Jer. 31:12).

¿Un «huerto de riego»? ¿Cómo sucedería esto? ¿Cuándo sucedería?

Contentamiento en el desierto

La verdadera restauración empezó siglos después con el sonido de una sola voz, la voz del mensajero, Juan el Bautista:

> Voz del que clama en el desierto: Preparad el camino del Señor, enderezad sus sendas. (Mat. 3:3)

Tal como el Espíritu se movía y la Palabra salió y el oscuro vacío fue lleno de luz y vida en la creación, en el comienzo de la nueva creación, el mismo Espíritu se movió sobre el vacío oscuro del vientre de una virgen. A María se le dijo: «El Espíritu Santo vendrá sobre ti, y el poder del Altísimo te cubrirá con su sombra; por lo cual también el Santo Ser que nacerá, será llamado Hijo de Dios» (Luc. 1:35). Una vez más, la Palabra salió, pero esta vez, en vez de hacerlo con poder creativo, lo hizo en forma humana. «Entonces la Palabra se hizo hombre y vino a vivir entre nosotros» (Juan 1:14, NTV). Dios inundó el mundo con Su bondad, al entrar en la persona de Jesucristo.

Jesús, el segundo Adán, el verdadero Israel, dejó la tierra celestial de la leche y la miel y entró al desierto de este mundo con todos sus cardos y sus espinas. Podemos verlo al principio de Su ministerio: «Entonces Jesús fue llevado por el Espíritu al desierto, para ser tentado por el diablo» (Mat. 4:1). Así como Satanás había entrado al jardín para tentar a Adán y a Eva, el diablo también entró al desierto para tentar a Jesús. Así como Satanás torció la Palabra de Dios, avivando el fuego del descontento con la provisión de Dios de comida y sugiriendo que Adán y Eva podían conseguir por su cuenta la gloria que Dios había prometido, en lugar de confiar en que Él se las diera, el diablo también torció la Palabra de Dios para su propio fin malvado, sugiriendo que Jesús usara Su poder para alimentarse, en lugar de confiar en que Dios le proveería comida. Tentó a Jesús a aferrarse a la gloria satisfaciendo Sus deseos, en vez de esperar la gloria que vendría al someterse a la cruz. Pero en lugar de caer presa de lo que dijo el tentador, Jesús respondió citando las palabras que Dios había hablado a través de Moisés a Su pueblo en el desierto: «No sólo de pan vivirá el hombre, sino de toda palabra que sale de la boca de Dios» (Mat. 4:4; corp. Deut. 8:3).

Mateo nos dice que después de que Jesús aprobó la prueba de la tentación en el desierto, «vinieron ángeles y le servían» (Mat. 4:11). Qué experiencia tan distinta a la del primer Adán. Los ángeles se habían puesto en contra de aquel primer Adán como adversarios para evitar que regresara del desierto al jardín. Y qué resultado tan distinto también al que produjo el primer Adán. Debido a que el primer Adán no obedeció en un jardín, toda la humanidad fue catapultada al desierto. Pero gracias a la disposición del segundo Adán de obedecer en el desierto, se nos abrió un camino de regreso a un jardín aun mejor que el Edén.

Jesús empezó asegurándoles a aquellos que ponen su fe en Él sobre esta realidad, aun mientras colgaba de la cruz, diciéndole al ladrón que colgaba junto a Él: «De cierto te digo que hoy estarás conmigo en el paraíso» (Luc. 23:43). Allí en la cruz, Jesús entró al desierto supremo de la muerte —el *tohu wabohu* supremo— en nuestro lugar, para que pudiéramos entrar a la vida abundante que Dios ha prometido.

Apenas después de la resurrección de Jesús, podemos percibir cómo la vida de un nuevo jardín irrumpe en el desierto del mundo. Juan declara: «Y en el lugar donde había sido crucificado, había un huerto, y en el huerto un sepulcro nuevo, en el cual aún no había sido puesto ninguno» (Juan 19:41). Sigue diciendo: «Pero María estaba fuera llorando junto al sepulcro; y mientras lloraba, se inclinó para mirar dentro del sepulcro; y vio a dos ángeles con vestiduras blancas, que estaban sentados el uno a la cabecera, y el otro a los pies, donde el cuerpo de Jesús había sido puesto» (Juan 20:11-12). Al parecer, la tumba vacía se había transformado en la entrada al nuevo jardín. Había dos ángeles allí para darles la bienvenida a aquellos que estuvieran dispuestos a identificarse con Jesús en Su muerte y resurrección. Leemos que María «dio la vuelta para irse y vio a alguien que estaba de pie allí. Era Jesús, pero ella no lo reconoció. —Apreciada mujer, ¿por qué lloras?—le preguntó Jesús—. ¿A quién buscas? Ella pensó que era el jardinero» (Juan 20:14-15, NTV).

«Ella pensó que era el jardinero…». Y por supuesto que lo era, ¡Él es el Jardinero! Este era el inicio de la nueva creación. El Jardinero estaba levantado al amanecer haciendo el trabajo en el que el primer Adán había fallado: extender los límites del paraíso al desierto de este mundo.[3] Incluso ahora, la nueva creación está irrumpiendo en el desierto de nuestras vidas en este mundo. Sucede cuando nos identificamos con Jesús, cuando nos unimos a Él en Su muerte y Su resurrección. Es lo que quiso decir Pablo al declarar: «Si alguno está en Cristo, es una nueva creación» (2 Cor. 5:17, NVI). Es algo que irrumpe en nuestras vidas y nos cambia de personas espiritualmente muertas a personas espiritualmente vivas; personas que empiezan a experimentar —en parte, ahora, y en plenitud en la eternidad— la vida eterna, abundante y absolutamente satisfactoria de la cual Adán y Eva habrían disfrutado si hubieran aprobado la prueba del árbol en el Edén.[4]

Pero aun mientras digo esto, tal vez estés pensando: «Sí, eso puede ser cierto, pero mi vida sigue estando marcada de muchas maneras por el desierto, la desilusión, el descontento y el vacío». Lo comprendo. La mía también. Esta realidad nos hace preguntarnos si realmente es posible vivir en el desierto de este mundo con alguna percepción real de la nueva creación que irrumpe en nuestro presente. La experiencia del apóstol Pablo de las espinas del desierto y del contentamiento del jardín venidero sugieren que sí es posible.

Su manera de expresar el dolor en su vida fue: «Una espina me fue clavada en el cuerpo» (2 Cor. 12:7, NVI). ¿Qué era esta espina? No lo sabemos. Lo que sí sabemos es que se trataba de algo mucho mayor que una pequeña incomodidad. La palabra griega que usa para *espina* se refiere a una estaca: un poste de madera afilado que se usaba para empalar a alguien. Así que, sea lo que fuera esta espina, Pablo se sentía empalado y aprisionado por ella. Menciona que le rogó muchas veces a Dios que se la quitara. Claramente, más allá de lo que fuera, le producía una agonía incesante.

La mayoría de nosotros, cuando sufrimos, preguntamos por qué. Pero Pablo no lo hizo. Parecía saber exactamente por qué se le había dado esta espina en la carne, y de dónde —o más precisamente, de quién— provenía. Pablo había recibido una visita guiada al paraíso, el lugar donde Dios habita. Este vistazo anticipado del paraíso es la clase de experiencia que podría hacer que una persona se inflara de orgullo espiritual. «Para evitar que me volviera presumido por estas sublimes revelaciones, una espina me fue clavada en el cuerpo» (2 Cor. 12:7, NVI). Cuando Pablo miraba la espina, veía la mano de Dios obrando en su vida, protegiéndolo de usar su increíble experiencia espiritual para sus propios fines egoístas. Sin embargo, está claro que no era lo único que veía en la espina.

Además, la describía como «un mensajero de Satanás, para que me atormentara». Satanás atormentaba a Pablo con la tentación de resentirse contra Dios por permitir que esta espina punzara su vida, que ya estaba repleta de dolores. Atormentaba a Pablo con la tentación de culpar a Dios y resentirse. Pero el apóstol tenía bien en claro que Satanás no estaba a cargo de la espina. Dios, en Su poder soberano, estaba usando con un propósito bueno lo que Satanás quería para hacerle mal. Pablo entendía que Dios deseaba usar la espina para un propósito santificador en su vida.

Aún así, rogaba que le quitara la espina, que se terminara el dolor. Yo lo valoro mucho. Aun cuando podemos ver que Dios está usando las heridas en nuestras vidas para hacer algo bueno en nosotros, seguimos queriendo que el dolor se detenga. Pablo le rogó a Dios que se la quitara. Y se lo volvió a pedir. Y se lo volvió a pedir. Entonces, escuchó que Jesús mismo le decía: «Bástate mi gracia; porque mi poder se perfecciona en la debilidad» (2 Cor. 12:9).

La respuesta de Jesús a la oración justa, precisa y repetida de Pablo fue no quitarle la espina, sino darle la suficiente gracia que le permitiera soportar la vida con la espina. Pablo experimentaría el poder divino, no en la remoción de la espina, sino al verla redimida. «Por tanto, de buena gana me gloriaré más bien en mis debilidades, para que repose sobre mí el poder de Cristo», escribió (2 Cor. 12:9). Evidentemente, esta promesa del «poder de Cristo» —el mismo poder que le permitió a Jesús soportar la cruz y que lo levantó de los muertos— que viniera a reposar sobre él cambió la perspectiva de Pablo acerca de la espina que seguiría siendo una realidad en su vida día a día. Esta nueva perspectiva le permitió declarar: «Por lo cual me *contento* en las flaquezas, en las afrentas, en las necesidades, en las persecuciones, en las angustias por el Cristo; porque cuando soy flaco, entonces soy poderoso» (2 Cor. 12:10, JBS). Contentarse en el desierto. Contentarse por ahora en una tierra donde las espinas producen dolor.

¿Te parece posible? ¿Te parece posible contentarte aun si tus circunstancias no cambian? ¿Te parece posible abrirte a recibir un poder divino que cambiaría tu forma de pensar respecto a los lugares vacíos de tu vida?

Amigo mío, si eres débil —si estás desgastado por el trabajo, por la crítica, agotado por las exigencias o las desilusiones constantes—, si has tocado fondo, si se han esfumado tus delirios de fortaleza, entonces estás en el lugar ideal para ser lleno de la bondad de Dios. Por fin es posible llenarte. Eres completamente dependiente. Hay lugar para que el poder de Cristo descanse sobre ti de tal manera que te dé la fuerza para contentarte, incluso mientras sigues viviendo en el desierto de este mundo.

«Cuando soy débil, entonces soy fuerte» (RVR1960). Esta era la realidad que moldeaba la vida de Pablo. Pero en realidad, la vida de Pablo se estaba conformando al patrón de la vida de Cristo. Jesús, el artesano que hizo el mundo, entró al desierto de Su mundo con la debilidad de un embrión en el vientre de Su madre. «Despreciado y desechado entre los hombres, varón de dolores, experimentado en quebranto» (Isa. 53:3). A Jesús lo insultaron. «¿De Nazaret puede salir algo de bueno?» (Juan 1:46). Jesús experimentó dificultades. «Las zorras tienen guaridas, y las aves de los cielos nidos; mas el Hijo del Hombre no tiene dónde recostar la cabeza» (Luc. 9:58). Jesús enfrentó persecución. «Entonces le escupieron en el rostro, y le dieron de puñetazos, y otros le abofeteaban» (Mat. 26:67). Jesús experimentó calamidades. «[Herodes] ordenó decapitar a Juan en la cárcel. [...] Oyéndolo Jesús, se apartó de allí en una barca a un lugar desierto y apartado» (Mat. 14:10, 13).

Como verás, Jesús no solo entró al desierto de este mundo; el desierto de este mundo entró en Él. Jesús tenía una espina en la carne, muchas espinas presionadas contra Su tierna carne. Y si Él experimentó una espina en la carne, y nosotros hemos dicho que deseamos que nuestra vida se conforme a la de Él, se una a la de Él, ¿por qué nos sorprende tanto e incluso nos hace resentirnos sentir el dolor de una espina en nuestra carne, cuando experimentamos las agonías de una vida en un mundo de desierto?

La gente tiene sed de experiencias sobrenaturales: milagros de sanidad, visiones y sueños, una palabra personal de parte de Dios. Esta es la experiencia sobrenatural que Dios prometió: el poder de Cristo que viene a descansar sobre ti, a llenarte, para que puedas confiar en Él cuando te suceda lo peor que puedas imaginar; para que puedas contentarte en forma genuina, aunque no todavía perfecta, aun si Él no llena ese espacio vacío en el camino que tanto anhelabas. Al menos, por ahora.

El contentamiento en el nuevo jardín

Verás, aquí es donde la historia de la Biblia cambia todo con respecto a tu historia, incluso el vacío y el descontento en tu historia. Llegará el día en que las espinas y los cardos que son una señal tangible del impacto de la maldición sobre este mundo, una parte siempre presente en la vida en el desierto de este mundo, serán cosa del pasado. En Romanos, Pablo escribe:

> Porque el anhelo ardiente de la creación es el aguardar la manifestación de los hijos de Dios. Porque la creación fue sujetada a vanidad, no por su propia voluntad, sino por causa del que la sujetó en esperanza; porque también la creación misma será libertada de la esclavitud de corrupción, a la libertad gloriosa de los hijos de Dios. (Rom. 8:19-21)

El apóstol Juan pudo ver una visión de lo que sería el mundo cuando la creación sea libre de su esclavitud a la corrupción, cuando experimente la misma resurrección y renovación que experimentarán nuestros cuerpos cuando Cristo regrese y nos levante de nuestras tumbas, con cuerpos aptos para la vida en la tierra nueva. En el último capítulo de la Biblia, que describe el primer capítulo de la vida en el jardín nuevo donde se nos dará la bienvenida, Juan nos dice: «Y no habrá más maldición» (Apoc. 22:3). No más maldición. No más espinas que produzcan dolor. No más *tohu wabohu.* Las bondades y la gloria de un jardín aun mejor que el Edén se extenderán a los confines de la tierra. Y la bondad de Dios llenará cada parte de tu ser. No habrá más desilusión. No habrá más descontento. Todos los lugares vacíos serán llenados, y tus anhelos más profundos serán saciados.

Hasta que podamos cantar:

> Guíame, oh gran Jehová,
> Soy un peregrino aquí;
> Soy débil, mas tú eres fuerte,
> Abrázame en tu mano;
> Pan del cielo, Pan del cielo,
> Aliméntame siempre.
> Aliméntame siempre.[5]

2

La historia del árbol

En *Detrás de las noticias,* Albert Brooks le dice a William Hurt una de mis frases preferidas en una película. El personaje de Hurt es el de un presentador de noticias joven y atractivo al que acaban de darle el trabajo en la cadena. Está hablando con el personaje de Brooks, un hombre brillante y trabajador que no parece poder avanzar. El personaje de Hurt pregunta: «¿Qué se hace cuando tu vida real supera tus sueños?». Y el personaje de Brooks responde indignado y con algo de envidia: «¡No lo andas divulgando!».[1]

Cualquiera que haya mirado fotos de lo que parece ser la familia perfecta o la vacación idílica de otra persona en las redes sociales y haya sentido celos se ha visto tentado a decir lo mismo. La mayoría de nosotros sabe lo que es sentir, en algún momento, que los que nos rodean parecen estar viviendo la buena vida, mientras que parece que nosotros nunca llegamos. No siempre estamos seguros de lo que es la buena vida; sencillamente, sentimos que la que estamos viviendo no lo es. La buena vida puede parecer un espejismo que siempre se escapa de nuestro alcance.

Entonces, ¿qué es la buena vida, y cómo la alcanzamos?

Cinco de mis personas preferidas en el mundo son Eric, Ruth, Abby, Brennan y Pearl Brown. Cuando Ruth estaba embarazada de 20 semanas de Pearl, a Pearl le diagnosticaron holoprosencefalia lobar (HPE), una enfermedad neurológica con poca expectativa de vida. El médico animó a Eric y a Ruth a inducir el parto e interrumpir el embarazo. Pero los Brown optaron por abrazar la vida y la esperanza, y llevar a Pearl a término. No sabían cuánto viviría ni cómo sería su vida, pero ahora ya pasaron casi cinco años, ¡y Pearl está bien viva! Sus vidas y la de Pearl no son fáciles, pero Pearl recibe muchísimo amor. Las hospitalizaciones constantes que han marcado la vida de Pearl, el diagnóstico reciente de diabetes juvenil de Abby, y los problemas de cimientos en la casa, junto con las dificultades normales de la vida, llevarían a la mayoría a decir que los Brown no están viviendo la buena vida. Y si son sinceros, admiten que a ellos tampoco les parece tan buena siempre. Hace unas semanas, Eric publicó una foto en Instagram junto con un mensaje que decía, en parte:

> Hasta ahora, ha sido un año difícil. Mentiría si lo pintara como cualquier otra cosa que no fuera una aplanadora. Todo lo que está fuera de nuestro control (es decir, todo) parece dirigirse en dirección opuesta de la que apuntamos. Todo lo que deberíamos poder agarrar se nos escapa de entre los dedos y a veces, parecería que lo hace con una sonrisa malvada. Y a pesar de mis teologías más sólidas, las mentiras siempre parecen más fuertes y más creíbles en esta época del año. Me da vergüenza la cantidad de veces al día que tengo que detenerme, dar un paso atrás e intentar recordarme lo que es verdadero, significativo y duradero. A menudo, elogio la idea de la debilidad, aunque cuando la debilidad pasa de la teoría a la realidad, se puede volver debilitante más que romántica.

A veces, nos parece que la vida no tendría que ser tan difícil. Puede parecernos que la buena vida, la vida que siempre anhelamos, siempre estará fuera de nuestro alcance. Y hay algo de verdad en eso. Algo profundo se desplazó en el mundo cuando Adán y Eva intentaron tomar de mala manera la buena vida, en lugar de confiar en que Dios se las daría. Ese desplazamiento dejó todo un poco desequilibrado, y algunas cosas horriblemente desencajadas. Nos dejó anhelando que todo fuera restaurado. Ansiamos la buena vida en la cual los cimientos no se mueven, las finanzas nunca son un problema, las relaciones siempre son amorosas y los cuerpos nunca son tocados por la deformidad, la discapacidad o la muerte. Entonces, ¿esta buena vida está destinada a estar siempre fuera de nuestro alcance?

Cuando leímos en los primeros dos capítulos de la Biblia sobre cómo eran las cosas una vez, vemos que Adán y Eva vivían juntos en un ambiente perfecto. Eva tenía todo lo que necesitaba y todo lo que tendría que haber querido: un matrimonio sin conflicto ni desilusiones, y un hogar decorado por el diseñador maestro. Su vida tenía significado y un propósito fructífero. No tenía por qué estremecerse al mirarse al espejo, no había razón por la cual esconderse de la presencia de Dios. Sin embargo, sabía que había más. Por más buena que fuera la vida en el jardín, había algo aún mejor que sería de ella y de Adán si obedecían a Dios.[2] Si pasaban la prueba que Dios les había puesto, la buena vida de la que disfrutaban en Edén se pondría aún mejor.[3] No solo escaparían del impacto del pecado; la posibilidad del pecado ya no estaría. Su vida pasaría de perecedera a imperecedera, de vulnerable a la tentación a inmune a la tentación, de la buena vida a una vida aún mejor, e imposible de perder.

Es más, esta promesa de una vida mejor que buena, la vida gloriosa, sigue estando en pie para ti y para mí. Está presente en toda la Biblia, pero queda especialmente clara en los capítulos finales. Al final de la historia de la Biblia, encontramos el mismo símbolo de esta vida que anhelamos y que estaba allí al principio: el árbol de la vida. Esta es la promesa del mismo Jesús: «Al que venciere, le daré a comer del árbol de la vida, el cual está en medio del paraíso de Dios» (Apoc. 2:7).

El árbol de la vida no es tan solo cosa del pasado. Es una promesa para nuestro futuro.

La promesa del árbol en el jardín del Edén

Entonces, ¿qué es este árbol, y podemos esperar deleitarnos en su fruto? Para descubrirlo, tenemos que empezar por el principio. «Y Jehová Dios plantó un huerto en Edén, al oriente; y puso allí al hombre que había formado. Y Jehová Dios hizo nacer de la tierra todo árbol delicioso a la vista, y bueno para comer» (Gén. 2:8-9).

Un jardín lleno de árboles. No esos arbustos feos e inútiles que una persona quita de un terreno antes de edificar una casa. Eran árboles verdes y frondosos, hermosos para mirar y con un fruto delicioso. Hasta casi podemos ver el verde, sentir su sombra, gustar del fruto jugoso y oler el aroma fragante de esos árboles. Adán y Eva estaban rodeados de cosas buenas para saborear y disfrutar. Entre todos los árboles que Dios plantó, había dos que se destacaban.

Primero, estaba el árbol de la vida, que se encontraba en el medio del jardín (Gén. 2:9). Si comían del fruto de este árbol, Adán y Eva podrían disfrutar de una calidad de vida aún mejor de la que ya tenían en el Edén. El sustento que ofrecía este árbol los satisfaría de una manera más profunda y eterna, llevándolos a una vida más segura y gloriosa.

No es que se tratara de un árbol mágico, o que su fruto tuviera el poder innato de inspirar vida. Agustín escribió que Adán y Eva «tenían sustento en otros árboles; en este, sin embargo, un sacramento».[4] En otras palabras, comer del fruto de este árbol sería una señal simbólica pero comestible de «la vida feliz a pasar en el paraíso y de cambiar más adelante a una vida celestial».[5]

Parecería que el fruto de este árbol todavía no había florecido, que aún no era su época. El árbol estaba en el medio del jardín, con pimpollos listos para florecer, como un recordatorio tangible de la promesa de una vida más grande que se les ofrecía si obedecían.[6] No se nos dice específicamente que Adán y Eva no pudieran comer o no hubieran comido de este árbol, pero parecería que estaba guardado para más adelante, que el fruto de este árbol les ofrecería a Adán y Eva un banquete para comer una vez que hubieran pasado la prueba de la obediencia que el otro árbol representaba.[7] La presencia del árbol de la vida les comunicaba: «Hay más cosas buenas preparadas para ustedes. Si confían en el cuidado de Dios y obedecen Su palabra, comerán de mi fruto y disfrutarán de una vida que es incluso mejor de la que tienen ahora».

Además, en medio del jardín, estaba el árbol del conocimiento del bien y del mal (Gén. 2:9). Tal vez pensemos que el árbol tenía un aspecto maligno, que estaba enroscado o que emanaba una sensación amenazadora de oscuridad. Sin embargo, este árbol en particular no tenía nada que fuera inherentemente repulsivo o venenoso. Lo que lo diferenciaba de todos los demás era lo que Dios había dicho al respecto: «Y mandó Jehová Dios al hombre, diciendo: De todo árbol del huerto podrás comer; mas del árbol de la ciencia del bien y del mal no comerás; porque el día que de él comieres, ciertamente morirás» (Gén. 2:16-17).

Qué decisión más evidente: un árbol que ofrece vida y otro que amenaza con la muerte. Dios quería que Adán y Eva confiaran en Él y le obedecieran respecto a este árbol, no porque pudieran distinguirlo de los demás, sino sencillamente porque Él, como su Padre, les pedía que confiaran en Él y le obedecieran. «No estaba prohibido porque fuera malo; sino que era malo porque estaba prohibido».[8] Comer del árbol del conocimiento del bien y del mal no solo les permitiría a los que comieran de él entender la diferencia entre el bien y el mal. Comerlo implicaba asumir el derecho de decidir por uno mismo lo que está bien y lo que está mal, en lugar de depender de Dios para que Él definiera el bien y el mal. En esencia, esta prohibición era un llamado a la fe, un llamado a permitir que Dios fuera Dios, en vez de usurpar Su autoridad. Mientras que el árbol de la vida iba a ser una recompensa por la lealtad, este árbol se transformaría en una prueba de lealtad.

Probados por un árbol en el jardín del Edén

Génesis 2:15 nos dice: «Tomó, pues, Jehová Dios al hombre, y lo puso en el huerto de Edén, para que lo labrara y lo guardase». En otras palabras, Adán no era tan solo el jardinero; debía ser el guardián del jardín. Cuando el agente satánico apareció en este árbol de juicio, Adán tendría que haber protegido el santuario del Edén juzgando a la serpiente como maligna y aplastándole la cabeza. Tendría que haber terminado ahí mismo con esta rebelión, en lugar de participar de ella.

La serpiente era astuta, pero no era sabia. Si hubiera sido sabia, se habría mantenido alejada del árbol donde el mal se manifiesta como tal. En cambio, cuando se deslizó hasta Eva en el jardín, inmediatamente le llamó la atención al árbol del juicio. En vez de mantenerse alejada del árbol prohibido, Eva se acercó a estudiarlo. Observó que parecía bueno. No veía nada que le indicara que podía ser peligroso o desagradable. El fruto parecía delicioso. Para ella, la prohibición no tenía sentido. Muchos hemos estado en una situación así. No nos molesta obedecer, siempre y cuando lo que Dios haya mandado tenga sentido para nosotros. Pero cuando no vemos el peligro, cuando no podemos ver el problema con lo que Dios ha prohibido sino que lo consideramos deseable, justificamos con facilidad hacer lo que queremos y extendemos la mano para tomar lo que nos parece que debemos tener.

Dios había puesto este árbol en el jardín como una *prueba* que les daría a Adán y a Eva la oportunidad de poner en práctica una fe y una obediencia genuinas.[9] Pero cuando apareció la serpiente, esta tenía su propia idea sobre el árbol. Transformó el árbol en una *tentación* y una *trampa*, estableciéndose como juez sobre la bondad, la generosidad y la integridad de Dios, al decirle a la mujer: «¿Conque Dios os ha dicho: No comáis de todo árbol del huerto?» (Gén. 3:1).

Hasta casi podemos escuchar el tono de voz y ver la expresión en su rostro escamado de víbora, mientras no solo tergiversaba lo que Dios había dicho sino que también difamaba el carácter del Señor, al sugerir que era irrazonablemente restrictivo. Lo que Dios había dicho era que Adán y Eva podían comer de cualquier árbol del jardín a excepción de uno. Pero Eva se mostró abierta a la sugerencia de la serpiente sobre la mezquindad de Dios. Y eso nos lleva a preguntarnos si en su interior ya se habría estado gestando cierto resentimiento respecto a esta prohibición. Inmediatamente, Eva entró en el juego de la serpiente, restándole importancia a la generosidad de Dios y exagerando esta única prohibición. «Y la mujer respondió a la serpiente: Del fruto de los árboles del huerto podemos comer; pero del fruto del árbol que está en medio del huerto dijo Dios: No comeréis de él, ni le tocaréis, para que no muráis» (Gén. 3:2-3).

Entonces, ella le sacó el «todos» a la provisión de Dios y le agregó «ni le tocaréis» a la prohibición. Tal vez envalentonada por la receptividad de Eva, la serpiente se dejó de miramientos y le dijo que lo que Dios había dicho sencillamente no era así. «¡No es cierto, no van a morir!», le dijo (Gén. 3:4, NVI).

La serpiente no solo le dijo que Dios les estaba mintiendo; le sugirió que había algo que no les estaba dando. «Sabe Dios que el día que comáis de él, serán abiertos vuestros ojos, y seréis como Dios, sabiendo el bien y el mal» (Gén. 3:5).

Esto tenía algo de verdad, una verdad parcial. Si comían del árbol, conocerían el bien y el mal. El mal se transformaría en parte de ellos, y el bien quedaría como un recuerdo del pasado. Por supuesto, Adán y Eva podrían haber obtenido el conocimiento del bien y del mal en el árbol, sin comer de su fruto. Bajo las ramas del árbol del conocimiento del bien y del mal, podrían haber utilizado la sabiduría que Dios les había dado mediante Su Palabra y juzgado las mentiras de la serpiente y la rebelión contra Dios como algo malo, mientras se aferraban al bien de Dios.[10] Si lo hubieran hecho, podrían haber comido todo lo que querían del árbol de la vida y entrar a una vida celestial sin haber experimentado jamás la muerte. Pero en vez de confiar en lo que Dios había dicho sobre el árbol, Eva escuchó la versión de la serpiente, que era muy diferente de lo que Dios había dicho. Y mientras escuchaba, el árbol empezó a parecerle distinto.

También empezó a cambiar de opinión respecto a su fruto. Para ella, tenía sentido comerlo; era «bueno para comer». Apelaba a sus sentidos; era «agradable a los ojos». También apelaba a su sentido de persona: Era «árbol codiciable para alcanzar la sabiduría» (Gén. 3:6). ¿Quién no querría ser sabio? Las palabras de la serpiente estaban comenzando a parecerle más creíbles que las de Dios, a medida que empezó a pensar en una sabiduría que podría ser suya si desafiaba a Dios en vez de temerle.

La serpiente tuvo éxito en su búsqueda de engañar a Eva, de forma que ya no viera el árbol como una fuente de muerte segura, sino más bien como una fuente de una vida feliz. «... y [la mujer] tomó de su fruto, y comió; y dio también a su marido, el cual comió así como ella» (Gén. 3:6). Eva estaba buscando la buena vida, y en vez de esperar a recibirla del único que podía proveerla de verdad, extendió la mano para tomarla por su cuenta. O eso pensaba.

Parece todo tan simple, tan natural, cuando en realidad fue cósmico y desastroso. El pecado siempre es imprudente e insensato. Nunca tiene sentido a la luz del día. Siempre termina quitando en vez de añadir a nuestras vidas. Destruye en vez de crear. Cómo quisiéramos que Eva hubiera podido ver claramente que, con ese bocado, estaba intercambiando la bendición por la maldición, la verdad por mentiras, la vida por muerte, Dios como su soberano por Satanás como su amo. Qué intercambio atroz.

Pero, por supuesto, nosotros hacemos la misma clase de intercambios. Intercambiamos confiar en que Dios nos dé la vida que nos satisfará realmente por buscar la vida que pensamos que nos hará felices, solo para ver cómo el fruto prohibido se vuelve amargo en nuestro estómago. La razón por la cual tú y yo no tenemos la vida que anhelamos no es solamente que Adán y Eva hayan comido de este árbol. Es que nos ponemos en el lugar de Dios, determinando por nuestra cuenta lo que es bueno y lo que es malo. Guardamos rencor contra otros, considerándonos suficientes para determinar quién merece perdón y quién no. Pensamos que nuestra frialdad les da su merecido, cuando en realidad, nuestro resentimiento nos roba vida a nosotros. Nos acostamos con alguien con quien no estamos casados, pensando que es la intimidad que anhelamos, solo para descubrir que la intimidad ilícita no es suficiente para satisfacernos sin la seguridad del compromiso de por vida que Dios prescribió. La intensidad de un placer pasajero se ve sobrepasada por la intensidad de una vergüenza y un reproche que permanecen. Hemos comido con ansiedad por lo que sucede o no sucede en nuestras vidas y en las vidas de los que amamos, porque no estamos seguros de que Dios esté haciendo lo correcto en el momento adecuado. De todas estas y de más maneras, nos ponemos en el lugar de Dios, determinando por nuestra cuenta lo que consideramos que es bueno y malo.

Expulsados del árbol en el jardín del Edén

Después de comer del árbol, Adán y Eva recordaron lo que Dios había dicho: «El día que de él comieres, ciertamente morirás». Hoy era aquel día. No murieron físicamente, al menos no de inmediato (aunque un día irían a parar a una tumba terrenal). Sin embargo, sí murieron espiritualmente.[11] Pasaron de una vida marcada por la bendición, la apertura y la intimidad a una marcada por la maldición, la necesidad de esconderse, la alienación y la muerte.

> Y dijo Jehová Dios: He aquí el hombre es como uno de nosotros, sabiendo el bien y el mal; ahora, pues, que no alargue su mano, y tome también del árbol de la vida, y coma, y viva para siempre. Y lo sacó Jehová del huerto del Edén, para que labrase la tierra de que fue tomado. Echó, pues, fuera al hombre, y puso al oriente del huerto de Edén querubines, y una espada encendida que se revolvía por todos lados, para guardar el camino del árbol de la vida. (Gén. 3:22-24)

El camino al árbol de la vida estaba cerrado, protegido por dos ángeles con espadas... a la espera de la descendencia de la mujer, de la venida del segundo Adán, de Aquel que pasaría por la espada flameante del juicio de Dios y reabriría el camino al árbol de la vida.

En los siglos que siguieron, el pueblo de Dios recordó lo que se había perdido mientras esperaba que se volviera a abrir el camino al árbol de la vida. Les fue dado un puntero que les marcara el camino, cuando Moisés se puso al frente de ellos mientras se preparaban para entrar a la tierra que Dios les había prometido, la cual de muchas maneras se parecía a un nuevo Edén. Tal como Adán y Eva se enfrentaron a una decisión de vida o muerte, una elección entre bendición y maldición en el jardín, Israel también se enfrentó a una decisión de vida o muerte, de bendición o maldición en Canaán. Moisés dijo: «A los cielos y a la tierra llamo por testigos hoy contra vosotros, que os he puesto delante la vida y la muerte, la bendición y la maldición; escoge, pues, la vida, para que vivas tú y tu descendencia» (Deut. 30:19).

Junto con esta palabra de ánimo, Israel también recibió una imagen que formaría parte de su vida cotidiana para ayudarlos a ver cómo el pueblo de Dios regresaría un día al árbol de la vida. Dios le dio a Israel el tabernáculo y los sacerdotes, para que representaran al pueblo en la presencia de Dios. Cuando el sumo sacerdote iba al lugar santísimo en el tabernáculo, se le recordaba, mientras estaba parado ante el candelero, la plenitud de la vida que se había perdido en la caída. El candelero estaba diseñado para que pareciera un árbol —un almendro dorado con capullos, pimpollos, flores y fruto—; un reflejo del árbol de la vida.

Dios también le dio a Su pueblo canciones para cantarle. Cuando el pueblo de Dios cantaba el Salmo 1, sobre el hombre que es «como árbol plantado junto a corrientes de aguas, que da su fruto en su tiempo, y su hoja no cae» (v. 3), seguramente sus pensamientos se remontaban al árbol de la vida en el jardín, incluso mientras entonar la canción implantaba en ellos un anhelo de experimentar esa clase de vida.

Cuando Salomón escribió en Proverbios sobre la persona que halla sabiduría, personificó la sabiduría y dijo que tenía una larga vida en la mano derecha y «en su izquierda, riquezas y honra [...]. Ella es árbol de vida a los que de ella echan mano, y bienaventurados son los que la retienen» (Prov. 3:16, 18). Al parecer, Salomón le estaba recordando al pueblo de Dios que todavía había una manera de echar mano del fruto de este árbol, y disfrutar así de la vida y la bendición que provee.

Los profetas también expresaron un anhelo de acceder a este árbol que traería vida y salud a un pueblo enfermo por el pecado. Un profeta en particular, Jeremías, describió su anhelo por su pueblo refiriéndose a un árbol que solo crecía en Galaad, una región más allá del río Jordán. La resina de este árbol, conocida por sus propiedades curativas, se usaba para hacer un bálsamo que limpiaba, aliviaba y curaba. Como el árbol solo crecía en Galaad, el bálsamo que se producía con él era costoso y preciado. En otra parte, Isaías escribió sobre el pueblo de Dios: «Desde la planta del pie hasta la cabeza no hay en él cosa sana, sino herida, hinchazón y podrida llaga; no están curadas, ni vendadas, ni suavizadas con aceite» (Isa. 1:6). Por supuesto, no estaba hablando de heridas físicas sino espirituales, heridas autoinfligidas producidas por el pecado. Jeremías no quería aceptar que no hubiera una cura posible:

> Quebrantado estoy por el quebrantamiento de la hija de mi pueblo;
> entenebrecido estoy, espanto me ha arrebatado.
> ¿No hay bálsamo en Galaad?
> ¿No hay allí médico?
> ¿Por qué, pues, no hubo medicina para la hija de mi pueblo? (Jer. 8:21-22)

Cuando preguntó: «¿No hay bálsamo en Galaad?», Jeremías estaba expresando su anhelo de la vida y la sanidad que Dios había prometido dar a Su pueblo. Pero, por supuesto, esta vida y esa sanidad no vendrían de un árbol en Galaad. Vendrían de un árbol en el Gólgota.

Probados por un árbol en el jardín de Getsemaní

Adán y Eva fueron probados respecto a un árbol en un jardín exuberante y soleado donde todas sus necesidades estaban cubiertas. Pero Jesús, el segundo Adán, fue probado respecto a un árbol en la oscuridad del jardín de Getsemaní. Este árbol de juicio no tenía nada deseable. Jesús no quería comer su fruto, si hubiese existido alternativa. Sin embargo, era el fruto del árbol que Su Padre quería que comiera.

El apóstol Pedro nos dice: «Llevó él mismo nuestros pecados en su cuerpo sobre el madero» (1 Ped. 2:24). Cuando Pablo describió la crucifixión, dijo: «Quitándolo del madero, lo pusieron en el sepulcro» (Hech. 13:29). ¿Por qué Pedro y Pablo llaman madero a la cruz?

Los israelitas que vivían en la época de Pedro y Pablo conocerían bien Deuteronomio 21:22-23, el cual dice: «Si alguno hubiere cometido algún crimen digno de muerte, y lo hiciereis morir, y lo colgareis en un madero, no dejaréis que su cuerpo pase la noche sobre el madero; sin falta lo enterrarás el mismo día, porque maldito por Dios es el colgado». Colgar el cuerpo de un ofensor de un madero, o un árbol, era una señal pública de que, después de soportar el castigo del pueblo, el ofensor ahora estaba bajo la maldición de Dios.

Por eso Pedro y Pablo hablan de la cruz como un madero. Cuando Jesús fue crucificado a manos de hombres perversos, no fue tan solo la víctima de un error de la justicia humana; Jesús estaba bajo la maldición de Dios. «Jehová quiso quebrantarlo, sujetándole a padecimiento» (Isa. 53:10). Aquel día, el pecado humano, que comenzó en un árbol del Edén, fue abordado en otro árbol, la cruz del Calvario.

Y esto es lo que debemos entender de este árbol: Yo merezco colgar de este árbol. Tú mereces colgar de este árbol. Pero la buena noticia del evangelio es que «al que no conoció pecado, por nosotros lo hizo pecado, para que nosotros fuésemos hechos justicia de Dios en él» (2 Cor. 5:21). En aquel árbol, Cristo absorbió en sí mismo la plena medida de la ira de Dios, para que nosotros podamos experimentar la plena medida de la bendición divina. Este árbol de juicio se transformó para nosotros en un árbol de vida. ¡Ah, cómo bendecimos aquel árbol maldito! Cuando nos ponemos bajo este árbol y nos aferramos a su fruto, cambia toda la historia de nuestras vidas.

Sanados por el árbol en un jardín mejor que el Edén

Como Jesús colgó del árbol maldito en nuestro lugar, todos los que superan la tentación de buscar vida en cualquier otro lugar más que en Él pueden estar seguros de que hay otro árbol en nuestro futuro. Podemos leer al respecto en el último capítulo del último libro de la Biblia, Apocalipsis 22, donde Juan escribe:

> Después [el ángel] me mostró un río limpio de agua de vida, resplandeciente como cristal, que salía del trono de Dios y del Cordero. En medio de la calle de la ciudad, y a uno y otro lado del río,

> estaba el árbol de la vida, que produce doce frutos, dando cada mes su fruto; y las hojas del árbol eran para la sanidad de las naciones. Y no habrá más maldición; y el trono de Dios y del Cordero estará en ella, y sus siervos le servirán. (Apoc. 22:1-3)

La escena que Juan describe nos hace recordar particularidades del Edén: el árbol de la vida y el río de la vida, este último, según Génesis 2:10, fluía desde Edén. En este nuevo Edén, todos aquellos cuyo pecado fue resuelto en el árbol del Calvario no solo beben libremente del río de la vida, sino que también comen con libertad del árbol de la vida. Cuando miramos de cerca no podemos evitar reconocer que este árbol sanador, que da vida y siempre sustenta, se refiere al mismísimo Cristo.[12] «En él estaba la vida», escribió Juan (Juan 1:4). Y en ese sentido, a esto se refería Jesús durante Su ministerio terrenal, cuando dijo: «De cierto, de cierto os digo: Si no coméis la carne del Hijo del Hombre, y bebéis su sangre, no tenéis vida en vosotros. El que come mi carne y bebe mi sangre, tiene vida eterna; y yo le resucitaré en el día postrero» (Juan 6:53-54).

Jesús estaba diciendo que debemos alimentarnos de Su muerte expiatoria como nuestra vida. Debemos vernos tal como somos lejos de Él, eternamente malditos, destinados a la muerte eterna, a menos que nos unamos a Él en Su muerte en aquel árbol. Tomar y comer lo que Dios había prohibido trajo juicio para Adán y Eva; pero tomar y comer de la provisión de Dios en Cristo lleva a salvación para todos aquellos que se deleiten del fruto de la cruz de Cristo.

Apocalipsis 22 revela que el árbol de la vida está gloriosamente plantado en el centro del jardín más grande que vendrá, que será más hermoso, más abundante y más satisfactorio que el jardín del Edén. En Edén, los árboles daban fruto según su época, es decir, una vez al año. Pero en el nuevo y mejor Edén, el árbol de la vida dará una nueva cosecha todos los meses. En Edén, este árbol crecía en medio del jardín. Pero en el nuevo Edén, el árbol de la vida crecerá a ambos lados del río. Parece haberse multiplicado y expandido, lo que implica que todos tendrán acceso a él y podrán comer de su fruto hasta saciarse.

Y el fruto no es lo único que nos alimentará; las hojas de este árbol nos sanarán. Es más, sanarán todo. Todas las cicatrices que haya dejado el pecado serán sanadas. Todas las heridas infligidas por palabras duras, la infección de las actitudes cínicas y la úlcera gangrenosa del racismo... todo será sanado. Todas las cicatrices emocionales que dejó el abuso, la ruptura relacional que produjo el divorcio, la discordia social que causó el orgullo, la corrupción gubernamental producida por la avaricia... todo será sanado.

Y una vez que esta sanidad suceda, eliminando todo el pecado que produjo la enfermedad, nada volverá a amenazar ni a disminuir ni a perturbar nuestro disfrute de la vida otra vez. Tendremos la vida que Eva anhelaba y que pensó tontamente que podía obtener por su cuenta. Nosotros no la tendremos al buscarla en otro lado que no sea la confianza de que Dios nos la dé, sino en esta vida, al aferrarnos a Cristo y confiar en que la vida que anhelamos viene solo a través de Él.

¿Realmente crees que la buena vida viene solo a través de Él? Pablo lo creía. Declaró: «Porque para mí el vivir es Cristo, y el morir es ganancia» (Fil. 1:21). Vivir no es estar casado o tener un matrimonio satisfactorio. Vivir es Cristo. Vivir no es tener hijos o criar hijos saludables, exitosos o incluso piadosos. Vivir es Cristo. Vivir no es tener un cuerpo de cierto tamaño o forma o grado de salud, o un lugar en cierto vecindario, o determinado trabajo o estatus. Vivir es Cristo. Y a la mayoría de nosotros es necesario convencernos de esto hoy y también mañana, porque estamos tan inmersos en este mundo que nos dice lo contrario. Este reconvencimiento empieza cuando empezamos a comer ahora del árbol de la vida, al alimentarnos de Cristo y Su Palabra hoy, y otra vez mañana, y otra vez al día siguiente.

Hace poco, mi amigo Eric Brown publicó una foto de su esposa, Ruth, leyéndoles un libro a sus tres hijos acurrucados en la cama de hospital de Pearl, junto con este mensaje:

> Sucedió mientras desayunaba en un lugar elegante con un amigo esta mañana. [...] Le estaba contando mi última experiencia con una comida así de fina, y cómo el chef nos traía plato tras plato

a Ruth y a [mí] para probar, y cómo cada vez que el mesero traía un nuevo plato, mencionaba que era cortesía del chef. Mi amigo me detuvo en el medio de la historia y preguntó con cautela: «¿"Cortesía del chef"? Sabías que esa es la historia de tu vida, ¿no? Desde mi perspectiva a vuelo de pájaro de tu vida, cada uno de estos últimos años han sido cortesía del chef. ¿Te das cuenta?». Y es cierto, el Señor ha sido doblemente bueno con mi familia. Una y otra vez, de maneras que últimamente casi ni considero, trae plato tras plato para nosotros, todos «cortesía del chef». No es solo Pearl. O Vandy. Tampoco esta casa, esta carrera ni estos amigos. Incluye esas cosas, pero no es principalmente eso. Es el gozo que siempre vuelve. Es la paz que da cuando la confianza que genera hace surgir la esperanza que Él da para conocer la fortaleza que provee.

No sé cuánto se seguirá aferrando Pearl a esta vida que le fue concedida por el Dador de la vida. Pero sí sé que Eric y Ruth y Abby y Brennan y Pearl han hecho su hogar bajo el árbol de la vida. Y no están esperando a la vida venidera para experimentar la sanidad de sus hojas. Están viviendo la buena vida ahora mientras se alimentan de Cristo. No es la vida que esperaban; probablemente, no es la vida que habrían elegido, pero es buena o, como Eric escribió: «Doblemente buena». Ahora es buena debido al gozo, la paz y la gracia que son suyos en Cristo, a medida que Su poder sanador obra en sus vidas y en su perspectiva sobre esta vida. Y es buena porque la sanidad más completa está en camino. Una sanidad perfecta. Una sanidad profunda. Una sanidad permanente. Sanidad y plenitud para siempre. La vida que todos anhelamos.

En el monte Calvario estaba una cruz,
emblema de afrenta y dolor,
Mas yo amo a Jesús, quien murió en la cruz,
Por salvar al más vil pecador.

Gloriaréme solo en la cruz,
En sus triunfos mi gozo será,

Y en el día de eterna salud
Mi corona Jesús me dará.

Yo quisiera seguir en pos de Jesús,
Y su cruel menosprecio llevar;
Y algún día feliz con los santos en luz
En la gloria con Él he de estar.

Gloriaréme solo en la cruz,
En sus triunfos mi gozo será,
Y en el día de eterna salud
Mi corona Jesús me dará.[13]

Durante el proceso de edición de este libro, Pearl Joy Brown entró al gozo de su Señor. Tuve el privilegio de hablar en su funeral, diciendo: «Lo que trae el más profundo consuelo a nuestro corazón dolido no es tan solo que Pearl esté en un lugar mejor ahora; es que se acerca el día en que Cristo regresará. El alma de Pearl estará con Él. El Señor llamará el cuerpo de Pearl a salir de la tumba. Ella será completamente Pearl, pero tendrá una gloria radiante que antes no tenía. Su alma se reunirá con su cuerpo, un cuerpo glorificado y apto para vivir para siempre con Cristo en una tierra nueva y gloriosa».

3

La historia de Su imagen

En estos días, si queremos decirle a alguien quién somos, tenemos que ser expertos en definirlo en 160 caracteres o menos. Es todo lo que te dan para expresar quién eres en la biografía de Twitter. En el caso de Instagram, son 150 caracteres. Entonces, ¿cómo expresa una persona lo que la define en 150 o incluso 160 caracteres?

Algunas personas (incluso personas muertas o inventadas) encuentran maneras interesantes de hacerlo. Albert Einstein tiene Twitter, o más bien, alguien inventó un usuario y una biografía de Twitter para él.[1] No es ninguna sorpresa que su usuario de Twitter sea @emc2, y se presenta de la siguiente manera: «Antiguo genio, ahora ícono caricaturesco que representa la palabra "inteligente" en plomería y anuncios de autos usados». De manera similar, hay una cuenta de Twitter a nombre de Darth Vader. El nombre de usuario es @darkside [lado oscuro]. Así se presenta en la esfera de Twitter: «Gestor de redes sociales del Lord Sith, pero los tuits son de producción personal. Asmático. Papá de dos jedis revoltosos». ¿Su sitio web? QuiénEsTuPapi.com Mi favorita tal vez sea la cuenta de Twitter bajo el nombre de «Cowardly Lion» [León cobarde], y que dice de sí mismo: «Ex rey de la selva, ahora *life-coach* personal y autor de *La trampa del valor*. Te ayudo a descubrir tu León interior.® Me gusta: amapolas, brujas buenas, Toto. No me gusta: monos voladores, escobas».

¿Qué me dices de ti? Cuando te presentas en persona o en línea, ¿qué dices sobre quién eres y lo que haces? ¿Qué dice tu presentación sobre la manera en la que te percibes, sobre dónde encuentras la fuente de tu identidad?

Todos luchamos con nuestro sentido de identidad, ¿no? (¿O seré solo yo?). Tengo una amiga de poco más de cincuenta años que está teniendo una especie de crisis de identidad, pues intenta descubrir quién quiere ser y lo que quiere hacer cuando crezca. Es una de las personas más maravillosas que conozco; una mujer piadosa, radiante, hermosa y plena. Además, ha logrado mucho en cuanto a cómo se ha dedicado a sus hijos y a los amigos de sus hijos, a cómo se ha dedicado a las personas que la rodean en tiempos de necesidad, y a cómo se ha entregado —su credibilidad, su pasión y gran parte de su dinero— a una causa en particular, todo por amor a Cristo. Pero ¿cómo vuelcas esa clase de cosas en un currículum o en una biografía que acompaña tu nombre en un sitio web? Esta es la clase de cosas que fácilmente puede hacer que nos sintamos un don nadie. Y, oh, cómo anhelamos ser alguien.

También tengo amigos que tienen muchos títulos y logros para poner después de sus nombres, pero que todavía luchan con su sentido de identidad, con lo que ha llegado a definir su autopercepción. A veces, no nos damos cuenta de cuánto nos hemos autodefinido según ciertas relaciones o roles hasta que esas cosas nos son quitadas y nos encontramos en medio de una crisis de identidad absoluta.

Entonces, ¿cómo se supone que debemos vernos? Y ¿cómo encontrar una fuente sólida de identidad puede evitar que luchemos con una autopercepción frágil o distorsionada?

Hechos a imagen de Dios

En el primer capítulo del primer libro de la Biblia encontramos la piedra angular sobre la cual debemos construir nuestra identidad. Se encuentra en Génesis 1:26: «Entonces dijo Dios: Hagamos al hombre a nuestra imagen» (Gén. 1:26). Venimos leyendo en Génesis 1, donde el narrador habla de todas las cosas que Dios creó con Su palabra y llamó «buenas», y de repente, el lenguaje cambia. Ya no es: «Que haya un hombre», sino «Hagamos al hombre». No está creando al hombre con Su palabra solamente; toda la Deidad participa de forma más activa. Todos los animales fueron hechos «según su género», pero esta creación en particular, el hombre, debe ser hecha según el género de Dios. Evidentemente, Dios se proponía hacer una criatura tan parecida a Él como fuera posible. Quería un hijo que se pareciera a Él, un pueblo que compartiera Su semejanza (por cierto, algo que sigue siendo Su intención, y Su plan no se verá frustrado).

Pero ¿en qué sentido esta criatura era a Su imagen? Podríamos responder de varias maneras. Algunas vienen de otras partes de la Biblia que reflexionan sobre la creación del hombre. Por ejemplo, en Efesios 4:24, Pablo describe ser recreado a imagen de Dios «en la justicia y santidad de la verdad». Esto nos dice que ser creados a imagen de Dios tiene un aspecto ético o moral. Ser imagen de Dios implica hacer lo que Él haría, y Dios siempre hace lo correcto. Pablo también habla de ser «[renovado] hasta el conocimiento pleno», «conforme a la imagen del que lo creó» (Col. 3:10). Entonces, ser creado a imagen de Dios tiene un aspecto racional. Ser imagen de Dios implica saber qué es verdadero y pensar como Él piensa.

El salmista también nos da algunas perspectivas de lo que significa ser hecho a imagen de Dios, cuando escribe respecto de la humanidad:

> Le has hecho poco menor que los ángeles, y lo coronaste de gloria y de honra. Le hiciste señorear sobre las obras de tus manos; todo lo pusiste debajo de sus pies. (Sal. 8:5-6)

Está «[coronado] de gloria y honra». Ser imagen de Dios implica ser un hijo de la realeza. Adán debía ser el representante real del gran Rey, al gobernar y ejercer dominio sobre la esfera santa de Dios.

Si volvemos a Génesis 1, vemos lo mismo que se expresa en el Salmo 8: esta tarea de ejercer dominio parece fluir de ser hecho a imagen de Dios. Leemos:

> Y dijo Dios: Hagamos al hombre a nuestra imagen, conforme a nuestra semejanza; y *ejerza dominio* sobre los peces del mar, sobre las aves del cielo, sobre los ganados, sobre toda la tierra, y sobre todo reptil que se arrastra sobre la tierra. (Gén. 1:26, LBLA)

La imagen y la semejanza parecen estar conectadas con ejercer dominio, y dominio sobre algo específico. El hombre creado a imagen de Dios debe reinar sobre los peces del mar, las aves del aire y todo lo que se arrastra sobre la tierra. (Mmm. Habría sido bueno que Adán hubiera estado atento a los animales que se arrastraban. Y habría sido bueno que hubiera estado listo para gobernar sobre todo lo que se arrastraba, en lugar de permitir que eso lo dominara).

Entonces, ¿qué impacto tuvo el ser hecho a imagen de Dios sobre la autopercepción de Adán? Si nos encontráramos con Adán en el jardín del Edén y él nos estrechara la mano para presentarse, tal vez diría algo como:

> Hola, me llamo Adán, que significa «tierra» y también te dice de dónde provengo. Dios, el gran Rey, me formó de un poco de polvo que tomó del suelo. Después, sopló Su aliento divino en mí y me transformé en un ser vivo. ¡Imagina que Dios tome algo tan común como el polvo y le infunda Su vida gloriosa! Dios, el Rey sobre todas las cosas, me puso como Su representante real en esta esfera santa. Soy su vicerregente en el reino del Edén. Pero también se podría decir que soy el sacerdote del templo de Edén. Trabajo aquí en Edén como guardián y jardinero. Si alguna cosa malvada o impura llega a entrar al jardín, mi tarea es aniquilarla. Si surge alguna rebelión, mi responsabilidad es someterla. Mi trabajo es ejercer dominio en nombre de Dios, lo que implica que tengo que gobernar como Él gobierna. Él trajo orden al caos de Su creación, y yo debo seguir trayendo orden a este jardín, así como expandir ese orden al desierto afuera del jardín. Él les puso nombre a la noche

y al día, a la tierra y los mares, y yo debo nombrar al ganado, a las aves y los animales salvajes. (Me voy abriendo paso por el alfabeto, y hasta ahora, llegué a babosa, ballena y beluga).

Sé lo que estás pensando: tendré que multiplicarme para cumplir con todas estas tareas. Bueno, es parte de lo que debo hacer también. Dios me dio una ayuda para todo esto: la mujer. Ella también fue hecha a imagen de Dios, así que también es parte de la realeza. Juntos, vamos a fructificar y multiplicarnos. Llenaremos este jardín de hijos que se parezcan a nosotros pero, lo más importante, que también porten la imagen de Dios. Juntos, cultivaremos este jardín para que se haga más y más grande y hermoso, y un día, llegue a cubrir toda la tierra. Desarrollaremos recetas para hacer deliciosas comidas con estos frutos, y crearemos herramientas para labrar la tierra (aunque debo decir, hasta ahora responde a la perfección). Juntos, ejerceremos dominio.

Y solo para que lo sepas, aunque fui hecho a imagen y semejanza de Dios, hay una semejanza más gloriosa, permanente e inmutable que puede ser mía, según cómo haga lo que me fue dado para hacer. Así que es probable que, si me vuelves a ver en el futuro, tal vez te cueste reconocerme, o incluso mirarme, porque seré aún más radiante con la gloria de Dios.

Qué presentación. Qué identidad. Qué sentido de propósito y potencial. Oh, cómo quisiéramos que hubiese cumplido con su propósito y su potencial.

Su imagen gloriosa estropeada

Llegó el día en que una criatura llegó arrastrándose al jardín, y Adán no la mató. La Palabra de Dios se torció y se rechazó, y Adán no la corrigió. Surgió rebelión en su corazón, y Adán no la sometió. Hacía falta un juicio justo en el árbol, pero Adán no lo proveyó. En vez de reinar sobre la serpiente, Adán y Eva permitieron que la serpiente reinara sobre ellos.

Adán y Eva, que habían sido creados para dominar sobre la creación, se transformaron en esclavos del pecado. Pasaron de estar coronados de gloria y honor a estar desnudos y avergonzados.[2] La imagen de Dios en ellos —la imagen de justicia, santidad y conocimiento— quedó estropeada y se volvieron corruptos, contaminados y necios. Seguían portando la imagen de Dios, pero esa imagen había quedado distorsionada.[3]

Si nos hubiéramos cruzado con Adán mientras se dirigía con Eva al este del Edén después de haber sido expulsados del jardín, tal vez se habría presentado de la siguiente manera:

> Hola, soy Adán, y esta es mi esposa, Eva. Venimos del Edén, un lugar glorioso, abundante y santo donde teníamos que vivir y disfrutar de Aquel que nos hizo y que venía a caminar con nosotros. Teníamos todo lo que necesitábamos allí para cumplir la tarea fundamental para la que fuimos creados. Sin embargo, fallamos. Escuchamos a un animal artero en lugar de al Creador. Tendría que haberle aplastado la cabeza, en vez de permitir que me llene la cabeza con sus ideas ridículas. Tendría que haber juzgado su rebelión maligna, en vez de volverme malo mediante mi propia rebelión. Tendría que haber protegido a mi esposa, al afirmar lo que Dios había dicho, en vez de unirme a ella y rechazar lo que el Señor había dicho.
>
> Sigo siendo un jardinero, pero el impacto de mi pecado sobre toda la creación implica que la tarea que solía satisfacerme ahora me frustra. Y sigo siendo un esposo, pero estoy experimentando mucha frustración y hasta cierta desilusión en ese frente también. Todavía vamos a ser fructíferos y multiplicarnos, pero habrá un dolor que acompañe el gozo de la paternidad. Y seguiremos vivos, aunque no viviremos para siempre, como podríamos haber hecho. Algún día voy a morir, y pondrán mi cuerpo en la tierra y volveré a ser polvo… un final bastante carente de gloria para alguien que fue hecho para volverse glorioso, ¿no te parece?
>
> Sin embargo, me gustaría agregar algo: tenemos esperanza. Escuché que Dios le decía a la serpiente que, un día, un hijo descenderá de Eva y de mí y le aplastará la cabeza. Sin duda, él será el hijo real que yo no fui y obedecerá a Dios como yo no lo hice.

Su imagen sin gloria reproducida

Génesis 5:3 nos dice: «Y vivió Adán ciento treinta años, y engendró un hijo *a su semejanza, conforme a su imagen*, y llamó su nombre Set». Set nació como hijo de Adán, con una naturaleza como la de Adán. De esta manera, Adán y Eva llenaron la tierra con hijos que reflejaban una imagen contaminada y distorsionada de Dios.

La próxima vez que se haga referencia en la Biblia a alguien como hijo de Dios será en Éxodo. Pero este «hijo» no era una persona, sino una nación. Dios le indicó a Moisés que le dijera a Faraón: «Jehová ha dicho así: Israel es mi hijo, mi primogénito. Ya te he dicho que *dejes ir a mi hijo*, para que me sirva» (Ex. 4:22-23). Moisés condujo a este «hijo», la nación de Israel, a salir de Egipto, a cruzar el mar Rojo y acampar al pie del monte Sinaí. Dios descendió sobre el monte Sinaí y, a través de Su mediador Moisés, habló a Su pueblo, infundiéndoles un sentido de identidad y de lo que debían y no debían hacer. Fue algo así:

> Vosotros visteis lo que hice a los egipcios, y cómo os tomé sobre alas de águilas, y os he traído a mí. Ahora, pues, si diereis oído a mi voz, y guardareis mi pacto, vosotros seréis mi especial tesoro sobre todos los pueblos; porque mía es toda la tierra. Y vosotros me seréis un reino de sacerdotes, y gente santa. (Ex. 19:4-6)

Si te hubieras encontrado con una de estas israelitas que acampaban al pie de esta montaña, tal vez te habría dicho algo como:

> Hola. Soy Elisabet, hija de Aminadab y hermana de Naasón, esposa de Aarón, el hermano de Moisés y pronto el sumo sacerdote. Creo que tengo una especie de crisis de identidad. Hasta este momento de mi vida, siempre fui esclava. Es lo único que conozco. Sin duda, he oído sobre Yahvéh, quien hizo muchas promesas a nuestro ancestro Abraham, pero sinceramente, después de 400 años de esclavitud y silencio, no estaba segura de que Yahvéh siquiera viera lo que nos estaba sucediendo o escuchara nuestro clamor y le importara. Entonces, Él envió a Moisés a Egipto para sacarnos, y ahora Yahvéh está aquí en el desierto *con* nosotros. Nos cubre

> con una nube gloriosa durante los días calurosos y con un pilar de fuego por la noche. Nos ha dicho que debemos ser un reino de sacerdotes, que lo representaremos ante todas las naciones de la tierra. Dijo que somos una nación santa. Fuimos separados de las demás naciones de la tierra para ser —escucha esto— su posesión atesorada. Ahora bien, traje varias posesiones atesoradas desde Egipto. Son muy valiosas para mí y las protejo. Así que estoy intentando caer en la cuenta de que eso es lo que somos para Yahvéh.

A la luz de quiénes eran y en respuesta a la gracia que habían recibido, Dios les dejó en claro lo que debían y no debían hacer.

> Yo soy Jehová tu Dios, que te saqué de la tierra de Egipto, de casa de servidumbre. No tendrás dioses ajenos delante de mí. No te harás imagen, ni ninguna semejanza de lo que esté arriba en el cielo, ni abajo en la tierra, ni en las aguas debajo de la tierra. No te inclinarás a ellas, ni las honrarás... (Ex. 20:2-5)

Así que, después de escuchar a Moisés leer estos mandamientos, Elisabet tal vez haya querido agregar:

> Debido a quiénes somos —un pueblo que pertenece a Dios, atesorado por Él y que se dirige a vivir en una nueva tierra junto con Él—, Dios nos ha dicho cómo debería ser en la práctica vivir con una profunda conciencia de esta identidad. Y lo principal que esto significa es que Yahvéh será nuestro único Dios. No adoraremos a ninguno de los dioses que adoraban en Egipto ni a los que adoran los pueblos donde nos dirigimos en Canaán. Dios nos ha amado muchísimo; en respuesta, queremos amarlo y servirlo de manera exclusiva. La manera en que adoramos a Dios será muy distinta de la que todos los demás pueblos de la tierra adoran a sus dioses. No debemos hacer ninguna imagen de Él para adorar. El Dios Creador no se puede reducir a ninguna cosa en la creación. Además, Él ya hizo imágenes de sí mismo... ¡nosotros! ¡Nosotros debemos reflejar a Dios en el mundo!

Elisabet parecía entender lo que Dios estaba diciendo sobre sí mismo y sobre Su pueblo. Pero ella y su esposo Aarón, así como el resto de Israel, evidentemente no permitieron que esta realidad los cambiara en lo más profundo de su ser.

A imagen de otros dioses

Antes de que Moisés pudiera bajar de la montaña con todo lo que Dios le había dicho respecto a quién era Israel y cómo debía vivir el pueblo en el mundo como representante Suyo, el pueblo ya había metido todo su oro al fuego, y Aarón lo había fundido para formar una imagen de un becerro. Al registrar la historia, Moisés parece querer que veamos que siempre nos parecemos a aquello que reverenciamos, que terminamos siendo semejantes a lo que adoramos.[4] Claramente, este era el caso de los israelitas. Después de este incidente, Moisés describe a los israelitas como pueblo «de dura cerviz», se habían «desenfrenado» y hubo que juntarlos otra vez a la puerta para que Moisés pudiera guiarlos donde tenían que ir,[5] lo que parece una descripción de una manada de ganado, ¿no?

Una vez que los israelitas se instalaron en la tierra que Dios les dio, no quisieron considerarse un pueblo de un solo Dios, sino que se inclinaron ante toda clase de dioses paganos. El profeta Isaías usó su púlpito y su pluma para burlarse de la estupidez generalizada. Escribió sobre lo ridículo que es para una persona plantar un árbol, cultivarlo y después cortarlo para tallar un dios ante el cual inclinarse:

> Parte del leño quema en el fuego; con parte de él come carne, prepara un asado, y se sacia; después se calienta, y dice: ¡Oh! me he calentado, he visto el fuego; y hace del sobrante un dios, un ídolo suyo; se postra delante de él, lo adora, y le ruega diciendo: Líbrame, porque mi dios eres tú. (Isa. 44:16-17)

Dios hablaba a Su pueblo a través de los profetas, llamándolos a dejar a sus ídolos. «Mas ellos no obedecieron, antes endurecieron su cerviz, como la cerviz de sus padres, los cuales no creyeron en Jehová su Dios. Y desecharon sus estatutos, y el pacto que él había hecho con sus padres, y los testimonios que él había prescrito a ellos; y siguieron la vanidad, y se hicieron vanos, y fueron en pos de las naciones que estaban alrededor de ellos» (2 Rey. 17:14-15). Qué estado tan deplorable para un pueblo que había recibido semejante propósito e identidad. Hicieron falta 70 años de exilio en Babilonia para purgar a este pueblo de sus ídolos.

Su imagen gloriosa encarnada

Después, por fin, la imagen del Dios invisible, Aquel en quien toda la plenitud de Dios se agradó en habitar (Col. 1:15, 19), condescendió a vivir entre seres creados a imagen de Dios. Dios envió a Su Hijo, envuelto en carne humana, al mundo. Juan empieza su Evangelio declarando sobre Jesús: «A Dios nadie le vio jamás; el unigénito Hijo, que está en el seno del Padre, él le ha dado a conocer» (Juan 1:18). Mientras que Adán fue creado *a* imagen de Dios, Jesús *es* la imagen de Dios por excelencia. No es tan solo un reflejo de la imagen de Dios, sino el origen y la fuente, el Alfa y la Omega, Aquel del cual obtenemos nuestra imagen y el objetivo hacia el cual está siendo restaurada la imagen de Dios en nosotros. «Él es el resplandor de su gloria [de Dios] y la expresión exacta de su naturaleza» (Heb. 1:3, LBLA).

¿Alguna vez te preguntaste cómo se fue formando el sentido de identidad de Jesús a medida que crecía? Vino de leer los rollos que contenían los escritos de Moisés y los profetas. Allí, Él «encontró la forma de Su propia identidad y el objetivo de Su propia misión».[6] A medida que crecía en Su comprensión de las Escrituras, Su sentido de identidad como Hijo de Dios se fue desarrollando. Esto también les quedó claro a Sus padres terrenales, cuando Jesús se quedó en el templo y respondió a sus padres que lo habían buscado preocupados: «¿Por qué me buscabais? ¿No sabíais que en los negocios de mi Padre me es necesario estar?» (Luc. 2:49). Este sentido de identidad impulsaba Su sentido de misión. Declaró: «No he venido de mí mismo, sino que él me envió. [...] he venido para que tengan vida, y para que la tengan en abundancia» (Juan 8:42; 10:10). Por supuesto, también dijo: «Para juicio he venido yo a este mundo» (Juan 9:39).

Si Juan hubiera creado un usuario de Twitter para Jesús, tal vez habría sido: @antesqueAbrahamfueseyosoy. Y quizás habría escrito su bio de la siguiente manera: «Pan de vida. Luz del mundo. Puerta de las ovejas. Buen pastor. Vid verdadera. La resurrección y la vida. Camino, verdad, vida».

Si Pablo hubiera creado un usuario de Twitter para Jesús, tal vez habría sido: @primogenitodetodacreacion. Y quizás Pablo habría escrito su bio de la siguiente manera: «Imagen del Dios invisible, Creador. Antes que todas las cosas. Sobre todas las cosas. Cabeza del cuerpo, la iglesia. Reconciliador. Pacificador. Llevador de cruz. Vencedor supremo».

Y si el escritor de Hebreos hubiera creado un usuario de Twitter para Jesús, tal vez habría sido sencillamente: @mejor. Y tal vez Su bio habría dicho: «Dios creó todas las cosas a través de mí y me designó heredero de todas las cosas. Soy el resplandor de la gloria de Dios, la imagen misma de Su sustancia, y sustento el universo con la palabra de mi poder. #mejorqueMoises #mejorsacerdote #mejorsacrificio #mejormediador #mejorpaís».

En el ministerio terrenal vemos a Jesús haciendo lo que el primer Adán tendría que haber hecho. Se suponía que Adán debía ejercer dominio. Jesús ejerció dominio sobre demonios, la naturaleza, la enfermedad y aun la muerte. Al adoptar una naturaleza humana y vivir en esa naturaleza humana en verdadera justicia y santidad, Jesús nos demostró lo que significa ser real y plenamente humano.

Sin embargo, hizo más que eso. Hizo que fuera posible que la imagen de Dios fuera restaurada en nosotros. ¿Cómo? Aquel que portó la imagen perfecta fue corrompido; no por Su propio pecado sino por el nuestro. Isaías escribió: «Así fue desfigurada su apariencia más que la de cualquier hombre, y su aspecto más que el de los hijos de los hombres» (Isa. 52:14, LBLA). En la cruz, nuestro Rey —Aquel que fue perfecto en justicia, santidad y conocimiento— llevó sobre sí toda nuestra rebelión, nuestra inmundicia, nuestra necedad. Aquel que es vida entró a la muerte.

Sin embargo, no se quedó allí. Cuando Jesús salió de la tumba, no tenía la misma apariencia que antes. Los que habían estado más cerca de Él no lo reconocieron. Seguía siendo humano; el primer humano glorificado. ¡Pero no será el último! El Padre quiere que el Hijo tenga muchos hermanos y hermanas, y que toda la familia se parezca a Él, ¡que sea gloriosa como el Jesús resucitado!

Verás, cuando leemos en Romanos 8:29 que «a los que antes conoció, también los predestinó para que fuesen hechos conformes a la imagen de su Hijo, para que él sea el primogénito entre muchos hermanos», reconocemos que el plan de Dios siempre ha sido llenar la tierra de portadores de Su imagen, de personas semejantes a Él. Pero tenemos que preguntarnos: ¿Qué imagen? ¿Acaso la intención de Dios es que nos parezcamos a Adán y Eva en el Edén antes de la caída? ¡No! Dios quiere que portemos Su imagen de manera mucho más intensa, segura, permanente y penetrante de lo que Adán y Eva hicieron en el Edén. ¿Acaso pretende que nos parezcamos a Jesús durante su vida y ministerio? Por cierto, Jesús nos provee un modelo con Su vida justa. Pero Dios desea que portemos Su imagen de manera más abierta y radiante que Jesús durante Su vida y ministerio. ¡Dios quiere que portemos la imagen del Jesús resucitado y glorificado! «Y así como hemos traído la imagen del terrenal, traeremos también la imagen del celestial» (1 Cor. 15:49). Y no está esperando al día de la resurrección para empezar este proceso que dura toda la vida, el de transformar la imagen y la identidad.

Su imagen gloriosa renovada

Si fuiste unido a Cristo por fe, el proceso de ser transformado a la imagen del Cristo resucitado ya empezó. ¿Cómo lo sabemos? Pablo afirma que somos aquellos «a quienes han alcanzado los fines de los siglos» (1 Cor. 10:11). Lo nuevo está irrumpiendo en el ahora. Todavía no somos *completamente* nuevos, pero somos *genuinamente* nuevos.[7] «Mas el que nos hizo para esto mismo es Dios, quien nos ha dado las arras del Espíritu» (2 Cor. 5:5). En el vocabulario de Pedro, hemos llegado a ser «participantes de la naturaleza divina» (2 Ped. 1:4).

Esto significa que incluso ahora, cuando tú y yo nos unimos a Cristo por fe, nos vestimos «del nuevo hombre, el cual *se va renovando* hacia un verdadero conocimiento, conforme a la imagen de aquel que lo creó» (Col. 3:10, LBLA). Nos hemos vestido «del nuevo hombre, creado según Dios en la justicia y santidad de la verdad» (Ef. 4:24). A medida que permanecemos en Cristo y saturamos nuestro corazón y nuestra mente con la Escritura, y a medida que aceptamos la obra del Espíritu que nos trae convicción y limpia nuestra vida, lo que la Escritura dice respecto a quiénes somos empieza a formar nuestra identidad más de lo que el espejo de la cultura o incluso nuestra propia biografía dice sobre nosotros. Esto significa que podemos presentarnos de la siguiente manera:

> Hola, soy Nancy. Vivo aquí en Nashville, pero solo por ahora. Mi verdadera ciudadanía está en el cielo. Y no estoy sola en esto. Soy parte de una familia. Soy cociudadana con los santos y los miembros de la familia de Dios. Somos parte del pueblo de Dios que se extiende por los siglos y llega incluso a la iglesia antigua, lo que significa que somos un pueblo escogido, un real sacerdocio, una nación santa, un pueblo para la posesión del mismo Dios. Y nos fue dada una gran comisión: proclamar las excelencias de Aquel que nos llamó a salir de las tinieblas a Su luz maravillosa.
>
> Como he sido unida a Cristo por fe, he resucitado con Cristo. Estoy buscando las cosas de arriba, donde está Cristo sentado a la diestra de Dios. Si parece que no me preocupa obtener atención, progreso o afirmación aquí y ahora, eso se debe a que he puesto la mira en las cosas de arriba, no en las de la tierra. Y si parece extraño que no tenga miedo de perder aquí o incluso de perder la vida, eso se debe a que ya morí, y mi vida está escondida con Cristo en Dios. Y cuando Cristo, que es mi vida, aparezca, apareceré con Él en gloria.[8]

Su imagen gloriosa revelada

Amigos míos, Dios, mediante Su Espíritu, está obrando para restaurar Su imagen en ti, de la manera en que fue alguna vez en Edén, pero mejor todavía.[9] Adán y Eva le dieron su lealtad a la serpiente en lugar de a Dios. Pero cuando la imagen de Dios sea plenamente restaurada en ti, el afecto por Dios y la adoración a Él te consumirán. Las viejas maneras de pensar primero en ti desaparecerán, para que por fin puedas amar a Dios y a los demás con sinceridad, pureza y armonía.

Si estás en Cristo, serás parte de un reino y sacerdote para nuestro Dios, y reinarás sobre la tierra (Apoc. 5:10). Como habrás sido hecho completamente santo, no te sentirás tentado a dominar, oprimir, abusar o explotar. Tu dominio con Cristo sobre la nueva creación será exactamente como el dominio de tu Padre celestial sobre todas las cosas: perfecto en rectitud y justicia.

Se acerca el día en el que todos sabrán quién eres con tan solo mirarte. Ni siquiera hará falta que te presentes. Todos verán que eres la plenitud de aquello para lo cual fuiste creado, y que estás haciendo todo aquello para lo que fuiste creado. Tu rostro irradiará la gloria de Dios mismo, y tus días se llenarán con el gobierno sobre todo lo que Él hizo. Tu corazón y tus motivaciones serán perfectamente puros. Tus pensamientos y tus acciones serán completamente sabios. Te dirán que te pareces a tu Padre celestial, que tienes un parecido impactante con tu hermano celestial y que claramente la obra del Espíritu en ti está completa; has sido plenamente reformado a la imagen de Dios. Pero si quisieras presentarte, podrías decir algo así:

> Podría decirte el nombre que me pusieron mis padres cuando nací en la vieja tierra bajo el antiguo orden, pero ese nombre ya no me define. Sigo siendo yo, pero mi identidad ahora está tan plenamente definida por Cristo que mi viejo nombre ya no puede comunicar lo que soy.[10] Es un alivio ser completamente yo, pero no estar lleno de mí.
>
> Debo decirte que quisiera poder hablar con mi viejo yo, cuando estaba viviendo bajo el antiguo orden. Quisiera poder decirle a mi yo terrenal que levante la mirada, ¡que mire hacia delante! Crees que tu vida está definida por el cuerpo que ves cuando te miras al espejo y por el trabajo que tienes o no tienes, o por los títulos que tienes a tu nombre. Sin embargo, no es así. Tu identidad se trata más profundamente de Cristo y de aquello en lo cual el Espíritu te está transformando. Tu sentido de identidad está siendo

modelado por tu sentido de ser hecho a Su imagen. Pero más que eso, ¡tu anticipación de ser reformado a Su imagen gloriosa es lo que te está dando forma!

En los días que estés realizando las tareas más precarias, cuando te sientas invisible e insignificante, cuando te compares con todos los que te rodean que parecen estar haciendo cosas mucho más significativas con sus vidas, evalúa quién eres en realidad, porque estás unido a Cristo, el Rey. Cuando sepas que estás sentado con Él en lugares celestiales, podrás rebajarte a hacer las tareas más insignificantes e ir a los lugares más necesitados para entregar tu vida. Cuando sepas que la justicia de Cristo te define ahora y por la eternidad, la vergüenza por tu pecado no tendrá el poder para definir cómo te percibes.

Recuerda cómo Pablo escribió que «en los siglos venideros», Dios quería mostrar «las abundantes riquezas de su gracia en su bondad para con nosotros en Cristo Jesús» (Ef. 2:7). Tengo que irme ahora, porque el espectáculo está por comenzar.[11]Pero puedes seguirme en Twitter. Busca mi bio, que dice: «Habitante redimida, justa y real del cielo. Conocida de antemano. Predestinada y ahora plenamente conformada a la imagen de Cristo. Llamada. Justificada. Glorificada. #nomáslágrimas #mifuturoestanbrillantequenecesitogafasdesol #estoesmuchomejorqueelEdén».

Haz lo que quieras de mí, Señor.
Tú el Alfarero, yo el barro soy,
dócil y humilde anhelo ser;
cúmplase siempre en mí tu querer.

Haz lo que quieras de mí, Señor.
Dame tu guía y tu dirección,
dueño absoluto sé de mi ser;
que el mundo a Cristo pueda en mí ver.[12]

4

La historia de la ropa

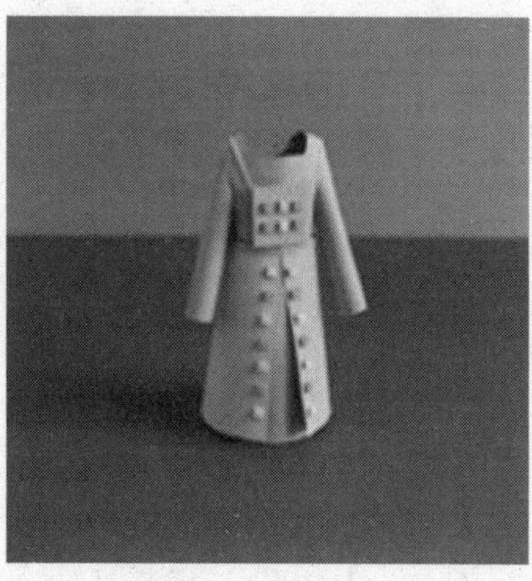

No me gusta ser común. Pero debo admitir que me alivia saber que algunos de mis sueños recurrentes en realidad son muy comunes. Evidentemente, no soy la única persona que a veces sueña que puede volar sin la ayuda de un avión, o que está en público sin ropa. (Tú también has soñado esas cosas, ¿no?). Según un estudio realizado en la Universidad de California Santa Cruz,[1] los dos sueños recurrentes que más se informan son los que se suelen llamar sueños «de vestimenta inadecuada» (aquellos en los cuales no tienes nada de ropa o una ropa totalmente inadecuada) y los sueños de vuelo (en los cuales puedes volar sin ningún esfuerzo). Yo los he experimentado muchas veces. Lo interesante es que a las personas en el estudio no les molestaban los sueños donde podían volar. Ese sueño tiene algo agradable y empoderador. Pero los sueños en los que la gente estaba sin ropa o con una ropa inadecuada le resultaban significativamente perturbadores. ¿Acaso estar familiarizados con esta ansiedad no es la razón por la que llamamos a nuestros amigos para preguntarles qué se pondrán para determinado evento? No queremos aparecer con una ropa inadecuada o equivocada.

Cuando estaba en el último año de la escuela secundaria, asistí a un campamento de verano para chicas que terminó con un banquete en el cual cada muchacha tenía que caminar por la plataforma y decir su nombre. Había comprado un vestido especial para la ocasión, o eso creía. Lo encargué del catálogo Spiegel por 32 dólares (era 1979, y eso era mucho dinero para mí). Evidentemente, otras chicas tuvieron la misma brillante idea. Seis —cuéntenlas—, otras seis chicas pasaron a mi lado con el mismo vestido «especial», intercambiamos sonrisas incómodas y pusimos los ojos en blanco.

A nadie le gusta estar mal vestido o tener la ropa inadecuada. No puedo evitar preguntarme si este sueño recurrente sobre la ropa surge no solo de nuestra ansiedad ante la posibilidad de quedar expuestos y avergonzados, sino también de un lugar más profundo de nuestra memoria ancestral; un sentido de vergüenza y la ansiedad que lo acompaña, producidos por nuestra incapacidad de encontrar algo adecuado que nos cubra, una vergüenza que heredamos de nuestros padres en común, Adán y Eva.

Al principio, la falta de vestimenta física en el Edén no era nada perturbadora. En Génesis 2:25, Moisés escribe: «Y estaban ambos desnudos, Adán y su mujer, y no se avergonzaban». Después de todo, estaban hechos a imagen de Dios, de quien el salmista declara que está «vestido de gloria y de magnificencia [...] que se cubre de luz como de vestidura» (Sal. 104:1-2). Si ellos estaban hechos a imagen de Dios, seguramente tenían algo de esta misma gloria y magnificencia para cubrirse. David escribió sobre el primer hombre: «Le has hecho poco menor que los ángeles, y lo coronaste de gloria y de honra» (Sal. 8:5). Cuando Adán y Eva se miraban el uno al otro, o miraban su propio reflejo, se veían cubiertos con una medida o un grado de la luz radiante de la justicia, la belleza y la gloria de Dios, y por eso no había razón para avergonzarse.[2]

Pero eso no significa que no hubiera necesidad de vestirse. Cuando Moisés escribe que Adán y Eva estaban desnudos, sus lectores del antiguo Cercano Oriente habrían reconocido esto como una condición indeseable para los seres humanos, en particular para representantes de un rey.[3] Adán y Eva eran representantes de un gran Rey, y los representantes reales tienen que vestirse de manera acorde a su función. (Considera la túnica multicolor de José, la túnica real que le dio Jonatán a David al reconocer que sería el próximo rey, la túnica púrpura que recibió Daniel de Belsasar cuando lo proclamó el tercero en el reino, y el manto que recibió el hijo pródigo cuando regresó).[4] Tal vez pensemos que estar desnudo y sin vergüenza es algo maravillosamente liberador, pero al afirmar que Adán y Eva estaban desnudos, es como si Moisés quisiera generar algunas preguntas en la mente de sus lectores; no tanto *si* Adán y Eva se vestirían, sino *cómo* y *cuándo* se vestirían. *¿Obedecerían a Dios y confiarían en que Él los vestiría de realeza, o buscarían vestirse por su cuenta? ¿Seguirían libres de la vergüenza, o sucedería algo más que les produciría una gran humillación?*

La posibilidad de vestirse

Cuando digo que Moisés presenta a Adán y Eva como desnudos y con necesidad de vestirse, tal vez creas que estoy sugiriendo que el paraíso no era tan perfecto. Sin embargo, perfecto o imperfecto probablemente no sea la manera de definir el Edén. Por cierto, el Edén era puro y prístino, estaba ordenado y lleno y, como el mismo Dios dijo, era bueno, muy bueno. Pero en vez de pensar en el jardín en cuanto a su perfección, deberíamos considerarlo en términos de potencial. O como lo expresó recientemente mi amigo Buz Graham: «El Edén estaba impecable pero también sin terminar».

En Génesis 1 y 2, leemos el principio de una historia que será interrumpida y desviada cuando apenas había empezado. La intención original de Dios para el Edén era que no solo fuera bueno, sino glorioso. De la misma manera, la intención original de Dios para Adán y Eva era que fueran transformados a una semejanza más plena y completa de Dios al vestirse de una mayor belleza y gloria dadas por

Él. Estaban hechos para ir de gloria en gloria, de estar vestidos de vida en el Edén a estar vestidos de inmortalidad en un Edén más grande y mejor. A medida que Adán y Eva fueran fructíferos y se multiplicaran, más hijos a imagen de Dios glorificarían al Señor y disfrutarían de Él para siempre. Mientras Adán y Eva trabajaran y mantuvieran el jardín, el Edén crecería hasta superar sus límites, y la gloria de su gobierno real aumentaría. Si Adán y Eva hubieran obedecido el mandamiento de Dios respecto al árbol prohibido, habrían sido transformados de gloria en gloria, de un estado de justicia no probada a uno de justicia probada y confirmada.[5] Habrían estado vestidos para siempre y plenamente de una santidad que nunca se habría manchado, una belleza que jamás se habría mancillado, y una gloria que jamás se desvanecería.

Pero, por supuesto, sabemos que esto no fue lo que sucedió. No alcanzaron la gloria de Dios, la gloria que Él quería para ellos. Al comer del árbol, Adán y Eva buscaron volverse como Dios, vestirse de la belleza y la gloria de Dios por su cuenta. Y al instante, en vez de reflejar la imagen de su Creador, empezaron a reflejar la imagen de su nuevo dios, la serpiente antigua. Y fue desagradable, insoportable y vergonzoso.

Después, escucharon el murmullo de pisadas en el jardín. La advertencia del Señor —que en aquel día que comieran del árbol del conocimiento del bien y del mal, morirían— seguramente les resonaba en los oídos. Hoy era aquel día. Lo que escucharon no eran las pisadas suaves de un amigo, sino las pisadas amenazadoras de un juez. Entendían que la peor situación posible para un pecador es que lo encuentren en un estado de desnudez ante Dios, así que hicieron lo que pudieron para hacerse ropa, cosiendo unas hojas. Qué condición tan triste. Dios iba a vestirlos con el atuendo real de Su justicia y Su gloria, y lo mejor que pudieron hacer fue vestirse con hojas de una higuera del jardín.

Y las hojas de la higuera no les quedaron bien. ¿Alguna vez te pusiste algo que no te quedaba del todo bien y no tapaba todo lo que tenía que tapar? Cuando eso sucede, te encuentras tirando de tu ropa en forma inconsciente, intentando no mostrar tanta piel. Me imagino a Adán y a Eva tirando de estas hojas de manera cohibida, ya que claramente no eran adecuadas. Intentaban evitar que se viera su vergüenza. Esta solución incómoda, inadecuada y autodesignada para la vergüenza no estaba funcionando. Entonces, se escondieron de Dios.

Cuando vemos a Adán decirle a Dios por qué se estaba escondiendo, esperaríamos que su respuesta fuera que comió del fruto del árbol prohibido. Pero eso no fue lo que dijo. En cambio, explicó: «Tuve miedo, *porque estaba desnudo*; y me escondí» (Gén. 3:10). Su temor venía de su conciencia de haber perdido su semejanza original al Dios justo y glorioso, la cual le concedía el derecho de estar en la presencia de Dios.[6]

Entonces, ¿qué hizo Dios? En lugar de destruir a Adán y a Eva, los vistió. «Y Jehová Dios hizo al hombre y a su mujer túnicas de pieles, y los vistió» (Gén. 3:21). No era la ropa que iban a usar si obedecían, pero les proveyó algo de protección de la jungla que encontrarían afuera del Edén. También fue un indicio de que la posibilidad de ser vestidos por Dios en santidad, belleza y gloria no se había acabado para siempre.[7] Es más, al vestirlos con pieles de animales inocentes, Dios demostró *cómo* sería posible que Su pueblo un día se revistiera del esplendor real que había deseado para Adán y Eva. Un día, trataría con el pecado humano de una manera profunda y permanente: a través de la cubierta que proveía la muerte expiatoria de un Cordero precioso y perfecto. Un día, en el mejor Edén que vendría, Él vestiría a Su pueblo con túnicas emblanquecidas por la sangre de Su Cordero (Apoc. 7:14).

El anticipo de la vestimenta

Adán y Eva debían gobernar como realeza sobre el reino del Edén. Además, debían servir como sacerdotes en el templo cósmico del Edén. Si hubieran pasado la prueba del árbol, Dios los habría vestido de la ropa adecuada para esta tarea sacerdotal. Pero el fracaso de Adán y Eva no frustró el plan de Dios. En cambio, Él empezó a desarrollar Su plan, donde un representante de Su pueblo entraría a Su presencia en el lugar santísimo del tabernáculo, tiempo después el templo, una vez al año. Dios le dio a Moisés diseños divinos para el templo, y particularmente para el lugar santísimo, que lo haría evocador del Edén. También estipuló el diseño de la ropa del sumo sacerdote. En el diseño divino de la ropa del sumo sacerdote podemos vislumbrar no solo cómo se habrían vestido Adán y Eva si hubieran obedecido, sino también cómo Dios desea vestir a todos los que un día habitarán en el santuario que es mejor que el Edén, aquellos «de todo linaje y lengua y pueblo y nación», a quienes Dios ha hecho «reyes y sacerdotes», y que reinarán «sobre la tierra» (Apoc. 5:9-10).

La instrucción de Dios a Moisés fue: «Y harás vestiduras *sagradas* para tu hermano Aarón, para *gloria* y para *hermosura*» (Ex. 28:2, LBLA). Estas tres palabras captan lo especial de la vestimenta del sumo sacerdote: *sagradas, gloria* y *hermosura*. Sería el hombre mejor vestido de Israel, con túnicas hechas de lino blanco y purísimo decorado con oro, azul, púrpura y lino torcido.

Usaba un efod, que probablemente era un delantal largo y sin mangas o un chaleco con dos tiras que iban por encima de los hombros. En las hombreras, llevaba dos piedras semipreciosas, grabadas con los nombres de las doce tribus de Israel. Encima del efod, iba un pectoral de tela con doce piedras preciosas engarzadas, una por cada tribu de Israel. El sumo sacerdote también usaba un manto todo de azul o púrpura, una prenda sin costuras que iba debajo del efod y llegaba a las rodillas. Usaba también un turbante de lino fino con una placa de oro en el frente, que tenía grabadas las palabras «Santidad a Jehová», lo que significaba que él, y el pueblo al cual representaba ante Dios, estaban separados por Dios y para Dios como nación santa.[8]

Sagrado: fuera de lo común, diseñado para un uso especial por parte de Dios. *Hermoso:* no seductor ni sensual, sino hermoso en el sentido más pleno, con simetría y perfección que reflejaban la belleza y la perfección del mismo Dios. *Glorioso*: una expresión radiante de todo lo que Dios es y hace. ¿A quién no le gustaría vestirse así?

A través de los siglos, muchos sacerdotes se vistieron de esta manera. Sin embargo, la ropa exterior no tenía el poder de cambiar a la persona por dentro. A medida que leemos la historia de Israel en el Antiguo Testamento, descubrimos que, tanto como todo lo demás, fue la corrupción de los sacerdotes lo que llevó a Israel al exilio, y con el tiempo, el sacerdocio se disolvió directamente. Llegó el día en que no había ningún sacerdote que usara el efod para representar al pueblo ante Dios en el templo de Jerusalén. Es más, no había templo en Jerusalén.

La promesa de la vestimenta

Sin embargo, el profeta Isaías ofreció esperanza. Isaías habló de un siervo del Señor que vendría, de alguien que llegaría a dar a Su pueblo «gloria en lugar de ceniza, óleo de gozo en lugar de luto, manto de alegría en lugar del espíritu angustiado» (Isa. 61:3). El pueblo de Dios sería llamado «sacerdotes de Jehová» (Isa. 61:6). En la profecía de Isaías escuchamos al siervo hablando. Celebra diciendo:

> «En gran manera me gozaré en Jehová, mi alma se alegrará en mi Dios; porque me vistió con vestiduras de salvación, me rodeó de manto de justicia, como a novio me atavió, y como a novia adornada con sus joyas» (Isa. 61:10)

Se acercaba el día en que el pueblo de Dios sería revestido de salvación, cubierto de justicia y adornado como un sacerdote. Pero ¿cuándo? ¿Y cómo?

Esa esperanza de ser vestido (representada en la ropa de pieles hecha para Adán y Eva, y en la ropa del sumo sacerdote, y prometida por los profetas) se hacía realidad cuando María «dio a luz a su hijo primogénito, y lo envolvió en pañales» (Luc. 2:7). «No hay parecer en él, ni hermosura; le veremos, mas sin atractivo para que le deseemos» (Isa. 53:2). ¿Por qué no podíamos ver Su belleza? Porque «siendo en forma de Dios, no estimó el ser igual a Dios como cosa a que aferrarse, sino que se despojó a sí mismo, tomando forma de siervo, hecho semejante a los hombres» (Fil. 2:6-7). Jesús se vistió de la ropa común y corriente y perecedera de la carne humana.

Sin embargo, hubo un día en el que les dio a algunos de Sus seguidores un vistazo de Su verdadera belleza, Su vestimenta gloriosa. Marcos nos dice: «Jesús tomó a Pedro, a Jacobo y a Juan, y los llevó aparte solos a un monte alto; y se transfiguró delante de ellos. Y sus vestidos se volvieron resplandecientes, muy blancos, como la nieve, tanto que ningún lavador en la tierra los puede hacer tan blancos» (Mar. 9:2-3). Pedro, Jacobo y Juan obtuvieron una vista previa de la gloria del Jesús resucitado. Pero no era tan solo un anticipo de la gloria del Jesús resucitado. Era un anticipo de la gloria de la resurrección de todos los que se unen a Jesús por la fe. «Mas nuestra ciudadanía está en los cielos, de donde también esperamos al Salvador, al Señor Jesucristo; el cual transformará el cuerpo de la humillación nuestra, para que sea semejante al cuerpo de la gloria suya» (Fil. 3:20-21). Un día, nos vestiremos de la misma gloria que irradió desde Jesús en aquella montaña. Seremos radiantes; seremos así de hermosos.

El sacerdote que fue despojado de su ropa

Para que fuera posible que tú y yo nos vistamos de esta manera, Jesús se sometió no solo a nacer como un bebé desnudo sino a que lo despojen de Su ropa en la crucifixión. Juan relata:

> Cuando los soldados hubieron crucificado a Jesús, tomaron sus vestidos, e hicieron cuatro partes, una para cada soldado. Tomaron también su túnica, la cual era sin costura, de un solo tejido de arriba abajo. Entonces dijeron entre sí: No la partamos, sino echemos suertes sobre ella, a ver de quién será. Esto fue para que se cumpliese la Escritura, que dice: Repartieron entre sí mis vestidos, y sobre mi ropa echaron suertes. (Juan 19:23-24)

Jesús, que usaba la vestimenta de una sola pieza de un sacerdote, fue despojado de esa ropa. Experimentó la humillación de la desnudez de manera que tú y yo pudiéramos experimentar la gloria de estar vestidos. Y esto no está relegado solo al futuro. Ahora mismo, si estás en Cristo, estás siendo santificado, te estás volviendo hermoso y estás siendo vestido de la justicia de Cristo.

El proceso de vestirse

En el libro de Colosenses, Pablo habla a los creyentes sobre el impacto de haberse unido a Cristo. Escribe:

> Si, pues, habéis resucitado con Cristo, buscad las cosas de arriba, donde está Cristo sentado a la diestra de Dios. Poned la mira en las cosas de arriba, no en las de la tierra. Porque habéis muerto, y vuestra vida está escondida con Cristo en Dios. Cuando Cristo, vuestra vida, se manifieste, entonces vosotros también seréis manifestados con él en gloria. (Col. 3:1-4)

En otras palabras, como estás unido a Cristo, la realidad de nueva creación de la resurrección ya es tuya. Se acerca el día en que estarás plenamente vestido de la gloria de Jesús. Así que tiene sentido que Su gloria —Su carácter, Su propósito, Su semejanza— se haga una realidad cada vez mayor en lo que tienes «puesto» ahora, en tu manera de vivir.

Pablo les dice a los creyentes que, como estamos escondidos en Cristo o cubiertos por Él, nos hemos «despojado del viejo hombre con sus hechos, y revestido del nuevo, el cual conforme a la imagen del que lo creó se va renovando hasta el conocimiento pleno» (Col. 3:9-10). Es casi como si Pablo tuviera en mente Génesis 1–3 mientras escribe. Está diciendo que nos hemos quitado la ropa que usan todos los que estamos «en Adán» —la cubierta de la rebelión y las hojas de higuera de nuestros propios intentos de ser lo suficientemente buenos para estar en la presencia de Dios—, y nos hemos puesto este «nuevo hombre». Ahora usamos la ropa del último Adán, Jesucristo.[9]

¿Y cómo es esta nueva vestimenta? Pablo sigue diciendo:

> Vestíos, pues, como escogidos de Dios, santos y amados, de entrañable misericordia, de benignidad, de humildad, de mansedumbre, de paciencia; soportándoos unos a otros, y perdonándoos unos a otros si alguno tuviere queja contra otro. De la manera que Cristo os perdonó, así también hacedlo vosotros. Y sobre todas estas cosas vestíos de amor, que es el vínculo perfecto. (Col. 3:12-14)

Esto, amigos míos, es lo que significa ser hermoso. Este es «el incorruptible ornato de un espíritu afable y apacible, que es de grande estima delante de Dios» (1 Ped. 3:4). No solo esto es hermoso para Dios, sino también atractivo para los demás.

Pablo está diciendo que a medida que la nueva creación irrumpe en el ahora de nuestras vidas, tiene sentido que estemos cada vez más revestidos de la santidad, la gloria y la belleza que un día serán plenamente nuestros. Y según Pablo en 2 Corintios 3, eso es lo que está sucediendo. Él recuerda cómo Moisés salía de la presencia de Dios con la gloria del Señor que le cubría el rostro, y se cubría con un velo para que otros no vieran cómo se desvanecía la gloria. Nos está ayudando a entender que hay grados de gloria que pueden aumentar o disminuir. La gloria que Moisés tenía en el rostro cuando salía de la presencia de Dios disminuía con el tiempo. Pablo declara: «Nosotros todos, mirando a cara descubierta como en un espejo la gloria del Señor, somos transformados de gloria en gloria en la misma imagen» (v. 18). La gloria que tú y yo tenemos tiene que ir en aumento durante el transcurso de nuestras vidas.

«Transformados de un grado de gloria a otro», ese siempre fue el plan de Dios. Ese era Su plan para Adán y Eva. Adán y Eva fueron creados con un grado de gloria, al ser hechos a imagen de Dios. Si hubieran obedecido, habrían sido transformados de ese primer grado de gloria a otro. Pero fracasaron. Cristo hizo que fuera posible vestirnos de la gloria más grande a la que Adán y Eva renunciaron. Incluso ahora, a medida que el Espíritu Santo obra en nosotros, estamos siendo cambiados de un grado de gloria a otro.

Cuando nos acercamos a la Palabra de Dios desnudos y expuestos, esta Palabra viva y activa empieza a obrar en el interior de nuestras vidas, discerniendo nuestros pensamientos impuros y las malas intenciones del corazón para que podamos confesar, arrepentirnos y cambiar de verdad (Heb. 4:12-13). El Espíritu hace esta obra transformadora para que estemos cada vez más envueltos en el manto de justicia de Cristo; no solo en un sentido judicial, sino en la realidad de nuestras vidas.

El Espíritu nos empodera para que dejemos atrás nuestra determinación rebelde de ostentar nuestra pecaminosidad vergonzosa, y nuestra determinación farisaica de vestirnos de nuestra propia gloria, justicia y belleza. Cada vez más queremos vestirnos de la gloria, la santidad y la belleza de Cristo. Deseamos «[vestirnos] del Señor Jesucristo, y no [proveer] para los deseos de la carne» (Rom. 13:14). Deseamos vestirnos «del nuevo hombre, creado según Dios en la justicia y santidad de la verdad» (Ef. 4:24). Deseamos ponernos toda la armadura de Dios (Ef. 6:11-15). ¡Qué guardarropa! ¿Quién necesita una tienda de alta costura? Cuando nos concentramos en vestirnos de esta manera, dejamos de dedicarnos tanto y de estar tan ansiosos respecto a cómo nos vemos en nuestra ropa física. Sabemos que si Aquel que viste los lirios del campo es el mismo que nos viste a nosotros, tan solo podemos imaginar lo hermosos que nos estamos volviendo.

Como el Espíritu está obrando en nosotros y cambiando nuestra manera de pensar en la desnudez y la vestimenta, en vez de no prestar atención a la desnudez, vemos la desnudez de los demás y nuestra participación al mirarla o imitarla, como una rebelión vergonzosa contra Dios, como una negación de nuestra pecaminosidad ante un Dios santo. Abrazamos la modestia en lugar de la exhibición. Cada día, cuando nos cubrimos de ropa, damos testimonio de nuestros fracasos pasados y presentes, los cuales traen vergüenza, pero también de la gloria que nos cubrirá eternamente y erradicará toda vergüenza.

El Espíritu que obra en nosotros está reemplazando nuestro deseo de vestirnos de una manera que impresione o seduzca, por uno con el que Pablo instruyó a las mujeres en su carta a Timoteo: «De ropa decorosa, con pudor y modestia» (1 Tim. 2:9). En vez de marcar tendencia con nuestra ropa, de manera que todos nos miren al pasar, queremos marcar una tendencia con nuestro carácter, que haga que todos miren a Cristo. Queremos que otros miren nuestras vidas y pregunten dónde conseguimos nuestro atuendo, porque quieran volverse tan hermosos como nos estamos volviendo.

La anticipación de estar revestido

Disfrutamos de cómo Dios nos está vistiendo con santidad, belleza y gloria. Pero también reconocemos que nos falta mucho para ser lo santos, hermosos o gloriosos que quisiéramos ser. A esto se refiere Pablo cuando escribe a los corintios que gemimos aun mientras anhelamos estar «revestidos» (2 Cor. 5:4). Para seguir lo que Pablo está diciendo en este pasaje debemos reconocer que está mezclando dos metáforas: la de un edificio en el cual vivimos y la de la ropa que usamos. Se refieren a lo mismo. Pablo escribe:

> Porque sabemos que si nuestra morada terrestre, este tabernáculo, se deshiciere, tenemos de Dios un edificio, una casa no hecha de manos, eterna, en los cielos. Y por esto también gemimos, deseando ser revestidos de aquella nuestra habitación celestial; pues así seremos hallados vestidos, y no desnudos. Porque asimismo los que estamos en este tabernáculo gemimos con angustia; porque no quisiéramos ser desnudados, sino revestidos, para que lo mortal sea absorbido por la vida. (2 Cor. 5:1-4)

Pablo describe la vida presente como vivir en un tabernáculo, que es temporal y vulnerable. Y describe nuestra vida futura como «revestirnos» de una habitación celestial y de ser revestidos nosotros mismos. No quiere ser «[desnudado]». Evidentemente, la gloria con la cual seremos revestidos en la resurrección será tanto más grande que la gloria que nos cubre ahora que nuestra realidad actual se puede describir solo mediante contraste como desnudez.[10] ¿Por qué queremos ser «revestidos»? «Para que lo mortal sea absorbido por la vida». En otras palabras, anhelamos ser revestidos de inmortalidad.

Si leímos la carta anterior de Pablo a los corintios, nos resulta familiar. En 1 Corintios 15, Pablo dice que la gloria que tendremos cuando seamos levantados de entre los muertos será tanto más grande que la que tenemos ahora, que nuestro estado actual tan solo se puede describir como «deshonra» en comparación.[11] Después, describe el día en el que obtendremos el guardarropa que tanto anhelábamos: «Se tocará la trompeta, y los muertos serán resucitados incorruptibles, y nosotros seremos transformados. Porque es necesario que esto corruptible *se vista* de incorrupción, y esto mortal *se vista* de inmortalidad» (vv. 52-53).

Este será el atuendo supremo: la inmortalidad. Una vida sin fin, imparable. No se puede pedir del catálogo de Spiegel, y cuesta mucho más que 32 dólares. Sin embargo, *tú* no puedes comprarla; es necesario que la compren *para* ti, y en realidad, ya te la compraron. «... fuisteis rescatados de vuestra vana manera de vivir, la cual recibisteis de vuestros padres, no con cosas corruptibles, como oro o plata, sino con la sangre preciosa de Cristo» (1 Ped. 1:18-19). Por toda la eternidad, usarás el atuendo más costoso del mundo.

Me encantan las imágenes que usa Pablo sobre cómo la mortalidad es tragada por la vida; vencida y masticada por ella. Nuestra mortalidad, que a veces produce tanta angustia, será tragada por la vida. Piensa en todas las maneras en que el mundo intenta vendernos una versión falsa de la inmortalidad, en forma de cirugía plástica, bótox, tinturas para el cabello y cremas antiarrugas. Piensa en todas las maneras en que nos obsesionamos con la idea de envejecer o de lucir viejo. Este es tan solo uno de los aspectos en los cuales saturar nuestra manera de pensar con la historia de la Biblia nos cambia aquí y ahora. A medida que la certidumbre de nuestra inmortalidad empieza a arraigarse en nuestras vidas, tiene el poder de evitar que nos sintamos tan desesperados a medida que se nos escapa nuestra juventud. Podemos descansar, sabiendo que seremos revestidos de santidad, belleza y gloria para siempre. Estas son las ropas que queremos para nosotros y para nuestros seres queridos.

Cuando estaba embarazada de mi hija, Hope, mi amiga Dee Proctor me organizó un *baby shower*. Entre los muchos regalos hermosos que recibí, había un saco de dormir talle nueve meses de parte de Jan Eberle, comprado en una de las tiendas más bellas de ropa para niños en Nashville. Cuando Hope nació unas semanas más tarde, nos enteramos de que su vida sería muy breve. El genetista nos dijo que podíamos esperar tenerla con nosotros unos seis meses.[12] Cuando Hope tenía unos dos meses, nos estábamos preparando para una ocasión especial, y quise vestirla con algo especialmente hermoso. Así que llevé aquel saco de dormir para un bebé de nueve meses a la tienda y pregunté si podía cambiarlo por alguna otra cosa. La dulce mujer que trabajaba en la tienda me dijo: «Ah, pero ¿no quieres conservarlo, para cuando ella pueda usarlo este invierno?». Tuve que decirle que Hope no llegaría al invierno (la clase de conversación incómoda que tuve muchas veces durante la breve vida de mi hija). Salí de la tienda con un primoroso vestido, y Hope lo usó al día siguiente. Pocos meses después, cuando falleció, y entregué su cuerpito, el director de la funeraria preguntó si tenía algún atuendo especial con el cual quería enterrar a Hope, y le di aquel vestido.

Hope estaba preciosamente vestida en su muerte. Pero, ¡ah, cuánto más hermosa estará en la resurrección! Ella y todos los que están en Cristo se vestirán de pura santidad, una belleza abrumadora y gloria radiante. Ahora, solo Jesús está plenamente vestido con esta gloria de resurrección. Pero apenas es el primero.

Amigos, nuestro futuro no es volver a la desnudez del jardín del Edén. En cambio, Cristo hizo que fuera posible que todos los que se unen a Él se vistan de inmortalidad. Seremos absolutamente santos, tan gloriosos que necesitaremos ojos nuevos para poder mirarnos unos a otros. Seremos hermosísimos... hermosos como Jesús. Cuando el hombre del cielo, el glorioso Cristo resucitado, regrese a esta tierra, tendremos la misma ropa que Él está usando. Y no nos producirá vergüenza. Nos gloriaremos en ella. Y hasta entonces, cantamos:

Nada traigo para ti
Mas tu cruz es mi sostén
Desprovisto y en escasez
Hallo en ti la paz y el bien
Sucio y vil, acudo a ti
A ser puro y limpio al fin

Mientras haya de vivir
Y al instante de expirar
Cuando vaya a responder
En tu augusto tribunal
Sé mi escondedero fiel
Roca de la eternidad.[13]

5

La historia del novio

La pasión de los romances más grandes del mundo resuena a través de la historia en forma de poesía. Y mi gran romance no es ninguna excepción. Quisiera poder decir que esta oda a nuestro amor surgió sencillamente de un desbordamiento de afecto que irrumpía del corazón de mi esposo, pero según lo recuerdo, en realidad fue una composición de último momento antes de una fiesta por el Día de San Valentín cuando estábamos recién casados a principios de la década de 1990, para la cual los esposos debían escribir y leer un poema a sus esposas en la fiesta. Como nunca se quiso quedar atrás en el ámbito de las rimas ingeniosas, David deslumbró a la multitud con lo siguiente:

Si yo fuera termita
Y tú fueras una silla,
Te mordisquearía la pierna
Hasta que no quede más que la rodilla.

Si tú fueras marzo
Y yo fuera enero,
Con tal de estar a tu lado,
Le cambiaría el lugar a febrero.

Pero soy tan solo un hombre,
No soy una termita,
Así que te amaré
Con todo lo que mi fuerza me permita.

Sin embargo, quisiera preguntarte
Aunque quizás mi pregunta consterna,
¿Me permitirías igualmente
Mordisquearte un poco la pierna?[1]

Un poco más adelante, aunque con mucho menos capacidad en el arte de la expresión poética de afecto, respondí al sincero soliloquio de David:

Si tú fueras una abeja
Y yo fuera una flor,
Abriría bien mis pétalos
Para que volaras a mi alrededor.

Si tú fueras diciembre
Y yo fuera octubre,
Con tal de estar contigo aunque sea un día
Le cambiaría el lugar a noviembre.

Pero tú eres un hombre
Y yo soy tu esposa.
Te amaré toda mi vida,
¡Qué cosa tan maravillosa!

Pero quisiera hacerte una pregunta,
Si fueras una abeja volando por ahí,
En tu búsqueda de flores,
¿Me elegirías a mí?

Al amor le encanta expresarse en poesía. Piensa en la primera línea de los sonetos de Elizabeth Barrett Browning, del Portugués 43:

¿De qué modo te amo? Deja que cuente las formas:
Te amo desde el hondo abismo hasta la región más alta
que mi alma pueda alcanzar...

Y su última línea:

Te amo con cada frágil aliento,
con cada sonrisa, cada lágrima y con todo mi ser; y si Dios así lo desea,
Ni la muerte podrá cambiar lo que por ti siento.

El amor entre un hombre y una mujer tiene algo tan glorioso, tan embriagante, tan abrumador, que las frases comunes y corrientes no llegan a expresarlo. Así que tiene sentido que, en la historia de amor que es la Biblia, las primeras palabras humanas registradas sean un poema de amor. En Génesis 2 encontramos un arrebato de gozo sin aliento desde el corazón de Adán, cuando se enamora de Eva, la novia original. Exclama:

Esto es ahora hueso de mis huesos
y carne de mi carne. (Gén. 2:23)

Tiene sentido que la Biblia empiece con esta exclamación poética de amor, porque es una historia de amor de principio a fin. Es la historia de cómo Dios eligió, reunió y hermoseó a una novia para Su Hijo. No es necesariamente la más hermosa ni la más amorosa. Es más, a medida que leemos la historia de la novia, por momentos nos asombra que Dios la eligiera. Vemos que a menudo tiene un corazón duro; suele resistir Sus afectos y directamente desestima Sus regalos. Sin embargo, el Padre es incansable en Su búsqueda y preparación de esta novia para Su Hijo. Hasta ahora, parece que será un compromiso inesperadamente largo. El Padre ya puso fecha para la boda y se enviaron las invitaciones. Por supuesto, por más que anticipemos aquel día, la boda será apenas el principio. Lo que más anticipamos es el matrimonio eterno, aquel en el cual nunca tendremos que decir: «Hasta que la muerte nos separe»; un matrimonio que será aún mejor que el matrimonio que disfrutaban Adán y Eva en el Edén.

La novia original

Al parecer, hoy en día hay demasiada presión en cuanto a las bodas. El pobre muchacho no solo tiene que reunir valor para pedirle matrimonio a la chica; tiene que transformar la propuesta en toda una producción completa con fotógrafo y tal vez camarógrafo. Después, está la creación de un sitio web de la boda, que incluye la sección «Nuestra historia» sobre cómo se conoció y se comprometió la pareja. Supongo que si hubiera existido algo como los sitios web de bodas en la época del Edén, en esa sección de la página de Adán y Eva se podría leer: «Tomó, pues, Jehová Dios al hombre, y lo puso en el huerto de Edén, para que lo labrara y lo guardase. [...] Y dijo Jehová Dios: No es bueno que el hombre esté solo; le haré ayuda idónea para él» (Gén. 2:15, 18).

Adán, el único ser humano en Edén, tenía una enorme tarea por delante de llenar, someter y gobernar la tierra bajo la autoridad de Dios. Y cuando Dios vio la situación, consideró que «no [era] bueno» que Adán estuviera solo. El texto no dice que Adán se sintiera solo. Suponer que Dios estaba por darle a Adán una esposa sencillamente para solucionar su soledad sería leer algo que no está allí. Si la compañía era el problema, el versículo parece decir que Dios le hizo una compañera. En realidad, el problema parece ser que la tarea que Adán había recibido era demasiado grande para él solo.[2] Así que recibió una ayuda. «La mujer haría que fuera posible que el hombre hiciera lo que jamás podría hacer solo».[3] El relato de Génesis parece diferir de todas nuestras nociones demasiado románticas del matrimonio, al revelarnos que el propósito del matrimonio, entonces como ahora, no se trata principalmente de compañía o satisfacción sexual. Aunque, por cierto, tiene el potencial de proporcionar estas cosas maravillosas, el propósito original y aún primario del matrimonio en la esfera de Dios es cumplir los propósitos de Dios en el mundo.[4]

Ahora, tal vez la palabra que se usa para describir a Eva (*ayuda*) no te caiga demasiado bien. Tal vez te parezca que es un poco degradante para ella o las mujeres en general. Es importante observar que a Dios mismo se lo describe como una ayuda en toda la Biblia; en especial, en cuanto a batallar contra los enemigos de Israel.[5] Así que, ayudar con la tarea de llenar, someter y gobernar la tierra es algo muy noble y similar a lo que Dios hace.

Moisés describe la creación de la mujer y su presentación al hombre:

> Entonces Jehová Dios hizo caer sueño profundo sobre Adán, y mientras éste dormía, tomó una de sus costillas, y cerró la carne en su lugar. Y de la costilla que Jehová Dios tomó del hombre, hizo una mujer, y la trajo al hombre. (Gén. 2:21-22)

Un matrimonio orquestado por el mismo Dios. No fue necesaria ninguna aplicación de citas por compatibilidad. Allí en el jardín exuberante, junto al río que fluía desde el Edén, Dios le trajo una novia a Su hijo Adán y se la presentó. Adán tomó una de las mejores siestas del mundo, se despertó para encontrarse uno de los mejores regalos de Dios y participó de la primera boda del mundo. Al igual que el padre de una novia, el Señor Dios llevó a Eva hasta Adán, y la respuesta de Adán a su novia se transformó en las primeras palabras humanas registradas, un poema de amor:

> «¡Al fin!—exclamó el hombre—. ¡Esta es hueso de mis huesos y carne de mi carne! Ella será llamada "mujer" porque fue tomada del hombre». (Gén. 2:23, NTV)

Del corazón de Adán, prorrumpió el gozo. «¡Al fin!», exclamó. Todos los animales habían desfilado frente a Adán para que él pudiera nombrarlos. Y aunque vivían y respiraban como él, ninguno de ellos podía ser su compañero en esta gran tarea que Dios le había dado. «¡Al fin!» expresa el anhelo reciprocado de Adán de otra criatura que fuera como él; no un duplicado, sino más bien un complemento adecuado. Dios fabricó a Eva con la carne misma de Adán, pero como un verdadero artista, refinó Su obra original, dándole curvas más suaves y facciones más refinadas.

Después de la exclamación poética de Adán, es como si el narrador de esta historia de amor se volviera y le hablara directamente a sus lectores originales, y a nosotros, ayudándonos a hacer la conexión entre este primer matrimonio en el Edén y todos los demás matrimonios a partir de entonces: «Por tanto, dejará el hombre a su padre y a su madre, y se unirá a su mujer, y serán una sola carne» (Gén. 2:24).

El matrimonio debe ser una unión para toda la vida, de una sola carne y de completa rendición, incluso más profunda que la relación entre un padre y un hijo. Estar casado implica compartir todas las cosas: cuerpo, dinero, esperanzas, problemas, éxitos y fracasos, enfermedad y salud, hasta que la muerte los separe. Ray Ortlund lo expresa así: «Dos yos egoístas empiezan a aprender a pensar como un nosotros unificado».[6] En este primer matrimonio, Adán y Eva no tenían nada para esconder, nada para proteger y todo para compartir. Su presente era rico en relación, y su futuro deslumbraba con propósito y posibilidad.

¿No sería fantástico si pudiéramos detener la historia del matrimonio humano ahí mismo? ¿No sería maravilloso si todas tuviéramos la experiencia de Eva de ser celebradas y valoradas como novias, o de tener matrimonios que fueran tan íntimos y no corrompidos por el aburrimiento, la desilusión, la traición, la alienación, la frustración, el fracaso o la muerte como el matrimonio de Adán y Eva en ese momento de la historia?

En cambio, a medida que la historia progresa, la manera en que las cosas fueron creadas en Génesis 2 se invierte en Génesis 3. Los animales debían ser gobernados por el hombre, pero en Génesis 3, un ser que se arrastra toma la delantera. La mujer debía ser una ayuda para el hombre al llevar a cabo los mandamientos de Dios, sin embargo, se transformó en un impedimento. El hombre debía ejercer un liderazgo glorioso sobre su esposa y protegerla del mal, en cambio, abdicó a esa responsabilidad, dejándola vulnerable al engaño.

Nos cuesta creer que las mismas dos personas que estaban desnudas y sin vergüenza intentan cubrir su deshonra tan solo unos versículos más tarde. Nos cuesta creer que la misma persona que extendió su mano a la mujer para darle la bienvenida y exclamó: «¡Al fin!», tan solo unos versículos más tarde la señala con el dedo para acusarla, diciendo: «La mujer que me diste por compañera me dio del árbol, y yo comí» (Gén. 3:12).

Este era un matrimonio con una misión: llenar la tierra de hijos, someterla y reinar sobre ella. Estaban hechos el uno para el otro. Sin embargo, este matrimonio, como muchos otros, terminó terriblemente mal. Esta unión que fue creada para bendecir al mundo le trajo una maldición. El deleite inicial se degeneró en rechazo a las órdenes, adjudicación de culpas, encubrimiento impulsado por la culpa, alienación y conflicto. Génesis 3 explica por qué tantas personas que se casan con grandes esperanzas terminan curando un corazón roto:

> A la mujer [Dios] dijo: Multiplicaré en gran manera los dolores en tus preñeces; con dolor darás a luz los hijos; y tu deseo será para tu marido, y él se enseñoreará de ti. (Gén. 3:16)

Dios les dijo a Adán y a Eva que la maldición se abriría paso a la relación de una sola carne de la cual disfrutaban y a la misión que tenían, de manera que quedaría alterada para siempre de tres formas específicas. Primero, en lugar de llenar la tierra sin dolor con hijos, esa parte de la tarea vendría con sufrimiento. Dios no se refería solamente al dolor del parto. No hay epidural lo suficientemente poderosa para calmar el dolor que no solo está conectado con el parto, sino también con ser un pecador que cría un hijo pecador en este mundo maldito por el pecado. ¿Acaso no quisiéramos a veces que hubiera alguna manera de adormecernos a las profundas heridas que producen el amor profundo que tenemos por nuestros hijos, o nuestro deseo profundo de tener hijos? ¿La herida intensa de ver que nuestro hijo se queda atrás, que lo dejan afuera, que lo subestiman o se siente abrumado? Hasta que nos transformamos en padres, sencillamente no sabíamos cuánto podíamos agonizar por el dolor que siente un hijo o por el estilo de vida que ha escogido. Pero cualquier padre, o cualquiera que desee desesperadamente ser padre, jamás disputaría esto: «con dolor darás a luz los hijos».

Dios le dijo a Eva que su «deseo [sería] para [su] marido». Queremos desear a nuestro marido, así que, en un principio, no parece un problema. Y sinceramente, a qué se refiere *deseo* en este versículo es cuestión de debate.[7] Sin embargo, es útil que la misma palabra se use en el capítulo siguiente, y que las dos veces Dios sea el que habla, para que anticipemos una constancia de significado. Cuando damos vuelta la página de Génesis 3 a Génesis 4, vemos que Caín, el hijo de Adán y Eva, estaba tan celoso que quería matar a su hermano Abel. El Señor le dijo a Caín: «El pecado está a la puerta; con todo esto, a ti será su *deseo*, y tú te enseñorearás de él» (Gén. 4:7). Claramente, el pecado quería dominar a Caín; quería decirle qué hacer, que en este caso, era matar a su hermano Abel. Así que esto nos aclara un poco lo que Dios le estaba diciendo a la mujer en el capítulo anterior. El pecado que ella cometió los había cambiado totalmente a ella y a su esposo, y por lo tanto, había cambiado su relación. Ella debía acompañarlo para ayudar en la misión que Dios les había dado, pero ahora el liderazgo de él en la misión implicaría un roce constante. El pecado torcería la manera en que él debía liderar. En vez de dirigir con amor y gracia para servir juntos a Dios, el hombre tendería a un liderazgo duro, autoritario y hasta explotador, u ofrecería un liderazgo escaso o nulo. En vez de gobernar con ella, intentaría gobernarla a ella. En otras palabras, su matrimonio necesitaría desesperadamente gracia, tal como cada matrimonio a partir de entonces.

A Adán y a Eva seguramente les quedó claro en ese momento, como lo es para nosotros ahora, que ya no estamos en el paraíso. Sin embargo, su historia no terminó en un completo desastre, sino más bien en esperanza. En medio de la maldición, llegó una promesa que los llenó de esperanza para el futuro. La promesa de un hijo que un día nacería como su descendiente y aplastaría la cabeza de la serpiente llenó a Adán y a Eva de anticipación. Empezaron a anticipar el nacimiento de un segundo Adán que sería un novio más fiel que el primero, y de una segunda Eva que sería una novia pura, como la Eva original no lo había sido.[8]

Y nos encontramos en alguna parte del medio de esta gran historia. Sabemos lo que es experimentar el anhelo que Adán sintió en el Edén en cuanto a alguien con quien compartir la vida; no un duplicado ni un opuesto, sino un complemento. Y algunos sabemos lo que es poder exclamar: «¡Al fin! ¡Al fin lo encontré!». Pero algunos también sabemos lo que es perder a aquel que pensábamos que era «el indicado». Algunos sabemos lo que es estar en un matrimonio que empezó con promesa y propósito pero que, debido al pecado —de él, de ella, nuestro— ha quedado marcado por la desilusión, el conflicto y tal vez incluso el divorcio. Y algunos nos preguntamos si podremos decir algún día: «¡Al fin!»; si nuestro complemento llegará alguna vez.

Entonces, ¿qué tiene para decirnos este matrimonio en Edén —es más, el matrimonio a lo largo de las Escrituras y hasta el presente— a aquellos que nos atrevemos a esperar que el absoluto deleite del chico que conoce a la chica, expresado en el primer poema de amor del mundo, no solo sea restaurado sino mejorado? Mucho. Todos somos invitados al «felices para siempre» de esta historia.

La novia amada

Desde que el primer matrimonio salió tan mal, Dios ha estado cumpliendo su plan de presentarle al novio perfecto a una novia perfeccionada. A la historia del mundo se la podría llamar el compromiso más largo del mundo. Sin embargo, nada puede evitar que estas nupcias se lleven a cabo. Y el matrimonio valdrá la pena la espera. Dios empezó llamando a una pareja menos que perfecta, a Abraham y Sara, y bendijo su matrimonio con un hijo llamado Isaac. Cuando llegó el momento de que Isaac tuviera una esposa, Abraham no quiso que se casara con una hija de los cananeos, así que envió a su siervo de confianza a su país natal a encontrar una esposa para su hijo entre sus parientes. Su siervo viajó a la ciudad de Nacor y esperó junto al pozo a las afueras de la ciudad al momento del día en que las mujeres iban a sacar agua. (Supongo que si no existen los sitios web de búsqueda de pareja, esperar junto al pozo es la mejor manera de inspeccionar las posibles candidatas para casarse). Isaac era el hijo de la promesa, y Dios le traería una novia a este pozo. Y tal como esperaban, Rebeca llegó al pozo. Era la indicada. Dios trajo una novia para el hijo de Abraham al pozo, para que pudieran empezar los planes de la boda.

Isaac y Rebeca tuvieron dos hijos, Esaú y Jacob, y llegó el día en el que Jacob viajó a esta misma tierra. Estaba junto a un pozo cuando Raquel se acercó con los rebaños de su padre. Génesis 29 relata:

> Y sucedió que cuando Jacob vio a Raquel, hija de Labán hermano de su madre, y las ovejas de Labán el hermano de su madre, se acercó Jacob y removió la piedra de la boca del pozo, y abrevó el rebaño de Labán hermano de su madre. Y Jacob besó a Raquel, y alzó su voz y lloró. (Gén. 29:10-11)

Evidentemente, fue amor a primera vista. Quedó prendado. Hay una sensación de «¡Al fin!». Una vez más, Dios trajo una novia, esta vez para Jacob, a un pozo. Cuatrocientos años más tarde, vemos que los doce hijos de Jacob fueron fructíferos y se multiplicaron, y se transformaron en un pueblo de dos millones de personas. Sin embargo, vivían como esclavos en Egipto. Moisés había querido librarlos, pero su plan salió mal. Así que huyó de Egipto y fue a la tierra de Madián, y se sentó junto a un pozo. Siete hijas del sacerdote de Madián llegaron al pozo para sacar agua para el rebaño de su padre, pero una de ellas, Séfora, encontró esposo allí aquel día. Dios trajo una novia para Moisés al pozo.

Sin embargo, estas no fueron las únicas novias del Antiguo Testamento. Fue Israel, el pueblo de Dios, el que salió en la tapa de las revistas de novias en todo el Antiguo Testamento. A lo largo del Antiguo Testamento, vemos a Dios obrando entre Su pueblo, preparándolo para ser una novia. Así es como veía a Israel, como Su novia: «Porque tu marido es tu Hacedor; Jehová de los ejércitos es su nombre», escribe el profeta Isaías (Isa. 54:5). Dios llevó a Su novia Israel al desierto. Allí, experimentó muchísima sed, tanto física como espiritual. Entonces,

Dios abrió un pozo en medio del desierto para proveerle agua de una roca y saciar su sed. Le dio un hogar y fue a vivir con ella allí. La amaba, la guio y la cuidó. Pero la historia de Israel estuvo formada por un amorío adúltero tras otro. La amada novia de Dios siempre estaba escapando a los lugares altos para tener aventuras amorosas en la adoración a otros dioses.

La novia arruinada

Tristemente, el matrimonio entre Dios y Su esposa, Israel, que empezó con tanta promesa, se fue desmoronando. Podemos escuchar al Señor, a través del profeta Jeremías, que recuerda con melancolía cómo empezó Su historia de amor con Israel:

> ... Así dice Jehová: Me he acordado de ti, de la fidelidad de tu juventud, del amor de tu desposorio, cuando andabas en pos de mí en el desierto, en tierra no sembrada. (Jer. 2:2)

Antes de que entraran a la tierra, Dios dejó en claro que lo que Él quería era su corazón: «Y amarás a Jehová tu Dios de todo tu corazón, y de toda tu alma, y con todas tus fuerzas. [...] No andaréis en pos de dioses ajenos, de los dioses de los pueblos que están en vuestros contornos; porque el Dios celoso, Jehová tu Dios, en medio de ti está» (Deut. 6:5, 14-15). También dejó en claro que Israel era el objeto de Su afecto:

> No por ser vosotros más que todos los pueblos os ha querido Jehová y os ha escogido, pues vosotros erais el más insignificante de todos los pueblos; sino por cuanto Jehová os amó, y quiso guardar el juramento que juró a vuestros padres, os ha sacado Jehová con mano poderosa, y os ha rescatado de servidumbre, de la mano de Faraón rey de Egipto. (Deut. 7:7-8)

Dios le dio a Su novia un libro de poesías de amor que tendrían que haberla ayudado a ver cuán hermoso y satisfactorio anhelaba que fuera su relación de amor: el Cantar de los Cantares. En este libro de sabiduría, Dios pintó una imagen de romance apasionado en forma de poesía entre dos esposos que están perdidamente enamorados.

Habló de un amor que «fuerte es como la muerte. [...] Sus brasas, brasas de fuego, fuerte llama» (Cant. 8:6). Esta canción debería haber avivado las llamas del anhelo por el Esposo en el corazón del pueblo de Dios. Tendría que haber llenado a Israel de una expectativa segura de un romance completamente satisfactorio que la mantendría mirando y esperando a su Esposo. Pero ella fue obstinada en sus costumbres adúlteras.

Así que Dios envió a un profeta llamado Oseas. Este fue llamado no solo a confrontar a la esposa adúltera de Dios con palabras; su propio matrimonio con una esposa infiel le daría a Israel una imagen vívida de su infidelidad constante y perniciosa:

> El principio de la palabra de Jehová por medio de Oseas. Dijo Jehová a Oseas: Ve, tómate una mujer fornicaria, e hijos de fornicación; porque la tierra fornica apartándose de Jehová. (Os. 1:2)

Pero Oseas les mostró más que una simple imagen de un mal matrimonio. El amor incesante de Oseas por una novia infiel también le mostró a Israel lo que Dios deseaba hacer como el Novio. Cuando a Gomer terminaron de usarla todos sus amantes y la estaban vendiendo como esclava, Oseas escuchó que el Señor le decía: «Ve, ama a una mujer amada de su compañero, aunque adúltera, como el amor de Jehová para con los hijos de Israel, los cuales miran a dioses ajenos». Oseas relata: «La compré entonces para mí por quince siclos de plata y un homer y medio de cebada. Y le dije: Tú serás mía durante muchos días; no fornicarás, ni tomarás otro varón; lo mismo haré yo contigo» (Os. 3:1-3). En su amor incesante y redentor por su esposa indigna y adúltera, Oseas permitió que el pueblo de Dios de su época vislumbrara el amor incesante, redentor y santificador de nuestro Novio divino.

Claramente, Dios no se había dado por vencido en su búsqueda de presentarle una novia a Su Hijo. Para darle esperanza a Israel de Su venida, le dio al profeta Isaías una visión del futuro día de la boda:

> Nunca más se dirá de ti: Abandonada, ni de tu tierra se dirá jamás: Desolada; sino que se te llamará: Mi deleite está en ella, y a tu

> tierra: Desposada; porque en ti se deleita el Señor, y tu tierra será desposada.
>
> Porque como el joven se desposa con la doncella, se desposarán contigo tus hijos; y como se regocija el esposo por la esposa, tu Dios se regocijará por ti. (Isa. 62:4-5, LBLA)

El profeta estaba mirando al futuro, y veía cómo Desolada se casaba y vivía feliz para siempre. Es una película. Pero seamos sinceros, ¿acaso no nos cuesta creer que esta novia arruinada pudiera alguna vez volverse lo suficientemente pura y hermosa para ser aceptable ante su santo Novio? La desesperanza de la situación ha hecho que muchos dejen de buscar a este esposo santo. En cambio, se conformaron con una relación carente de pasión con Dios, haciendo todo de forma mecánica. Honraban a Dios con sus labios, pero sus corazones estaban lejos de Él (Mar. 7:6).

El Novio

Por fin, después de 400 años sin una sola palabra sobre la boda, Juan el Bautista apareció en la escena, haciéndose llamar «el amigo del esposo» (Juan 3:29). Y justo en el momento indicado, llegó el Novio. Lo encontramos al principio de Su ministerio en una boda en Caná, en la cual había un problema serio. Durante esta era, el novio era el responsable de proveer el vino para la celebración, pero en esta boda en particular, se habían quedado sin vino. Felizmente, el Novio verdadero y fiel estaba ahí, haciendo lo que un novio tenía que hacer. Pero este Novio era superior a todos los demás. Jesús proporcionó un agua transformada en vino tan exquisita que los invitados a la boda pensaron que el otro novio sencillamente había guardado lo mejor para el final. Es como si el escritor del Evangelio quisiera que viéramos desde el primer momento quién es realmente Jesús: el Novio verdadero, Aquel a quien el pueblo de Dios había estado esperando desde que el primer novio, Adán, fracasó de manera tan miserable en el Edén.

Poco después de esta boda en Caná, los discípulos de Juan el Bautista se le acercaron con la inquietud de que la gente estaba yendo a los discípulos de Jesús para bautizarse, en lugar de acudir a Juan. Pero Juan respondió: «El que tiene la esposa, es el esposo; mas el amigo del esposo, que está a su lado y le oye, se goza grandemente de la voz del esposo» (Juan 3:29). Juan el Bautista, como el último profeta del Antiguo Testamento, sabía que la voz de este Esposo era la que el pueblo de Dios más anhelaba escuchar. Si tan solo reconocieran Su voz. Si tan solo vinieran cuando Él les abriera los brazos y el corazón.

Pero la realidad es que «a lo suyo vino, y los suyos no le recibieron» (Juan 1:11). Tal vez parte del problema fue que este Novio estaba interesado en una novia mucho más exótica y diversa de lo que los judíos habían anticipado. Esta novia tenía que estar conformada de gente de toda nación. En el capítulo 4 del Evangelio de Juan, vemos cómo Jesús pasa por Samaria (un *faux pas* para cualquier judío con un poco de amor propio) y se dirige derecho al pozo de Jacob. Allí, se encontró con la candidata menos probable con la cual unirse en matrimonio.

Ella iba al pozo a una hora inusual del día, porque sencillamente no podía enfrentar a las demás mujeres del pueblo, ya que lo más probable fuera que había dormido con varios de sus esposos. Su historia era una letanía de matrimonios fallidos, y en ese momento, se estaba acostando con un hombre con el que no estaba casada. Ninguno de sus esposos anteriores había probado ser fiel. La habían usado y ella los había usado a ellos, y su vida se había llenado de vergüenza, era un desastre desolador. Pero entonces llegó al pozo y se encontró con un hombre que conocía todo sobre su pasado y que aún así se le ofreció, diciendo: «Cualquiera que bebiere de esta agua, volverá a tener sed; mas el que bebiere del agua que yo le daré, no tendrá sed jamás; sino que el agua que yo le daré será en él una fuente de agua que salte para vida eterna» (Juan 4:13-14).

Una vez más, Dios había traído una novia al pozo. Ella era una persona poco atractiva, y tenía un pasado sexual vergonzoso. Y tenía sed, muchísima sed. Tenía una sed insaciable de ser amada, de hallar una satisfacción más allá de un momento de placer, de ser aceptada y cuidada y valorada. Al principio, pensó que Jesús era un profeta.

Pero con el tiempo, ella y muchos otros samaritanos de su pueblo reconocieron que era el Salvador del mundo, el segundo Adán, el Novio verdadero y fiel, y que los estaba invitando —a aquellos que no venían de la familia adecuada, que tenían un pasado turbio, que no podían esperar usar un vestido blanco al dirigirse al altar— a unirse a Él en matrimonio eterno.

Tal vez Jesús se refería a este matrimonio eterno cuando los saduceos se le acercaron con una pregunta respecto a una mujer que había estado casada con siete hombres en el transcurso de su vida: ¿cuál sería su esposo en la resurrección? La respuesta de Jesús fue que no entendían las Escrituras ni el poder de Dios, porque «en la resurrección ni se casarán ni se darán en casamiento, sino serán como los ángeles de Dios en el cielo» (Mat. 22:30).

Para algunos, la idea de que no estaremos casados con la persona que amamos muchísimo en esta vida parece una locura. Pero evidentemente, el matrimonio como lo conocemos es único para esta era. Sin embargo, eso no significa que no habrá riqueza de relación en la era venidera. Es más, nuestras relaciones con todos los que hemos amado se profundizará, ya que el pecado no infectará ni inhibirá más nuestros vínculos. John Piper escribe: «Allí, no habrá matrimonio. Pero lo que el matrimonio significaba sí estará ahí. Y el placer del matrimonio estará ahí multiplicado a la millonésima potencia».[9] El cielo será rico en relación, unos con otros y con Aquel a quien más amamos, nuestro Novio glorioso. En un sentido, todos estaremos casados, ¡con el mismo Esposo! La sombra del matrimonio humano temporal habrá cedido paso a la sustancia, al matrimonio eterno entre Cristo y Su esposa. Y este será el matrimonio más feliz de todos los tiempos.

Lo amaremos porque Él nos amó primero. Es más, ningún novio ha amado o amará jamás a su esposa de la manera en que Cristo amó a la suya:

> ... Cristo amó a la iglesia, y se entregó a sí mismo por ella, para santificarla, habiéndola purificado en el lavamiento del agua por la palabra, a fin de presentársela a sí mismo, una iglesia gloriosa,

> que no tuviese mancha ni arruga ni cosa semejante, sino que fuese santa y sin mancha. (Ef. 5:25-27)

Ah, amigos míos, ¡hemos sido, somos y seremos eternamente tan bien amados por nuestro Esposo! Al igual que el amor del novio en el Cantar de los Cantares, el amor de nuestro Esposo fue «fuerte como la muerte», incluso la muerte en una cruz. Como el esposo Oseas, nuestro Esposo pagó el precio para redimir a Su novia de la esclavitud al pecado e incluso ahora nos está santificando para Él. Un día, este proceso de santificación se habrá completado. «El que comenzó en vosotros la buena obra, la perfeccionará hasta el día de Jesucristo» (Fil. 1:6). Seremos la novia más hermosa que miró jamás a los ojos de su amado.

La hermosa novia

Dios está trayendo una novia para Su Hijo, el segundo Adán, para presentarla ante Él. Un día, nos despertaremos de una de las mejores siestas del universo, para ser parte del mejor regalo, deleitarnos en el mejor banquete, mirar a los ojos del novio más hermoso y disfrutar del mejor matrimonio... un matrimonio que durará para siempre. Dios nos presentará como una novia a nuestro Esposo. El apóstol Juan pudo vislumbrar nuestro día de bodas:

> Vi un cielo nuevo y una tierra nueva; porque el primer cielo y la primera tierra pasaron, y el mar ya no existía más. Y yo Juan vi la santa ciudad, la nueva Jerusalén, descender del cielo, de Dios, dispuesta como una esposa ataviada para su marido. (Apoc. 21:1-2)

Me imagino al Esposo en aquel día, con los ojos fijos en Su novia, sin poder contener las palabras que exclamó el primer Adán cuando vio a su novia por primera vez: «¡Al fin!». Al fin todos estaremos donde debíamos estar. Al fin la maldición que trajo tanto dolor y conflicto a nuestros matrimonios terrenales se habrá acabado para siempre. Al fin estaremos juntos para siempre. «Y oí una gran voz del cielo que decía: He aquí el tabernáculo de Dios con los hombres, y él morará con ellos; y ellos serán su pueblo, y Dios mismo estará con ellos como su Dios» (Apoc. 21:3). No más separación, no más alienación.

Este matrimonio será mucho mejor que el matrimonio de Adán y Eva en el Edén. Nuestro novio, el segundo Adán, no fallará y nos llevará con amor a deleitarnos del árbol de la vida. No fallará a la hora de protegernos del mal. No nos dominará, ni abusará de nosotros ni nos ignorará. No nos abandonará. No morirá. Su amor nos satisfará para siempre en un hogar aún mejor que el Edén.

Ningún matrimonio humano, por más bueno que sea, puede soportar el peso de nuestras expectativas de una satisfacción completa y de la armonía y la intimidad perfectas que solo este matrimonio supremo y eterno puede proveer. Cuando dos pecadores dicen: «Acepto», siempre hay al menos un poquito de: «¿Qué hice?». Pero nuestros matrimonios menos que perfectos o nuestro anhelo de casarnos pueden servir para abrirnos el apetito para este matrimonio perfecto que vendrá. Ya sea que seamos casados o solteros, divorciados o viudos, nuestras vidas deben dedicarse a sustentar nuestro anhelo de este matrimonio mejor. Y un día, ese anhelo será satisfecho. No sofoques esos deseos de ser amado de esa manera; *dirige tus deseos* al único que puede amarte de esta manera para siempre.

No creas que porque el Novio ha demorado Su venida, entonces no vendrá. No seas como las cinco vírgenes insensatas que no estaban preparadas. La parábola de Jesús sobre el novio y las vírgenes termina de una manera que a algunos de nosotros puede resultarnos incómoda o incluso ofensiva:

> El novio llegó y los que estaban listos entraron con él a la fiesta de bodas, y se cerró la puerta. Después, todas las demás vírgenes vinieron diciendo: «Señor, señor, ábrenos! Mas él, respondiendo, dijo: De cierto os digo, que no os conozco». (Mat. 25:10-12)

Tal vez te parezca un poco frío. Quizás cuando lo leíste pensaste: *un Dios de amor jamás haría eso*. Pero precisamente porque es un Dios de amor y hará eso, envió a Jesús a advertirnos.

Precisamente porque es un Dios de amor, nos ha dado Su Palabra, misma que termina con una invitación abierta para que todos vengan a la boda más costosa y extravagante de la historia. En el último capítulo de la Biblia, leemos: «Y el Espíritu y la Esposa dicen: Ven. Y el que oye, diga: Ven. Y el que tiene sed, venga; y el que quiera, tome del agua de la vida gratuitamente» (Apoc. 22:17). El Espíritu y la esposa están invitando a todos a venir a este pozo de agua viva, el mismísimo Cristo. Incluso ahora, Dios está obrando en este pozo, atrayendo y preparando a una hermosa novia para Su amado Hijo. El Espíritu Santo, a través de la Palabra de Dios, te está diciendo: «Ven». Todos los que ya se están preparando para la boda dicen: «Ven». Dile que sí a este vestido. Dile que sí a este Novio.

En casi la última línea del último libro de la Biblia, podemos escuchar a nuestro Novio susurrarnos palabras de esperanza al oído: «El que da testimonio de estas cosas dice: Ciertamente vengo en breve» (Apoc. 22:20). Y nosotros decimos en respuesta: «Ven, Señor Jesús».

En aquel día, cuando el Señor venga, imagino que nuestro gran romance seguirá expresándose mejor en verso poético. Tal vez tomemos prestado del Cantar de los Cantares, la canción de amor más maravillosa de todos los tiempos, cuando miremos a los ojos a nuestro Novio glorioso y digamos con una alegría radiante y una sensación de alivio: «“Yo soy de mi amado, y mi amado es mío”. ¡Bailemos!» (ver Cant. 6:3).

Cimiento de la Iglesia
Es Jesús su Señor;
Ella es Su nueva creación,
Por agua y el verbo;
Vino del cielo a buscarla,
a ser Su esposa,
Con Su sangre la compró
Por vida a ella, murió.[10]

6

La historia del sábat

No recuerdo de qué estábamos hablando en la escuela dominical una mañana que nos llevó a confesiones verdaderas sobre los regalos, o en mi caso, sobre reciclar un regalo. Pero por alguna razón, les conté a los que estaban allí (¡y ahora se lo estoy por contar al mundo!) mi experiencia más vergonzosa de reciclado de regalos. Supongo que cuando las parejas se casan, siempre hay uno o dos artefactos de cocina populares o cosas que están de moda y de los cuales los novios reciben más de uno. Evidentemente, cuando yo me casé, estaban de moda unos termos con válvula para bombear, similares a los que se usan en muchos hoteles para servir café. David y yo recibimos tres iguales. Ni siquiera bebo café. Así que, cuando una compañera de la universidad se casó unos meses después, escogí el más lindo que había recibido y se lo envié como regalo. Todo iba bien hasta que recibí la nota de agradecimiento que decía: «Adjunto la tarjeta de regalo que estaba dirigida a ti y encontré adentro del termo».

Todavía me da vergüenza.

Pero ese domingo por la mañana, mi amiga Bari contó una historia que superó la mía. Cuando nació su primer bebé, desenvolvió el regalo de una amiga y encontró una caja de polvo perfumado, o eso pensó. Por supuesto, no se lo iba a poner a su recién nacido, que tenía que oler a Johnson & Johnson, así que dejó la caja sin abrir en un estante, con la intención de usarla para ella en algún momento. Escribió una nota de agradecimiento a la amiga que le había hecho el regalo, ensalzando las virtudes del polvo y diciéndole lo bien que le quedaba al bebé. Cuando su amiga recibió la nota, la llamó y le sugirió que abriera la caja. Cuando Bari la abrió, vio que no había polvo adentro. Su amiga había usado la caja de polvo para guardar una hermosa cajita de música blanca. Al inspeccionarla por arriba, Bari había decidido que el regalo no era algo que su bebé necesitara, pero cuando abrió la caja y sacó el regalo, terminó trayéndole un gran deleite a ella y sus hijos.

En este capítulo, hablaremos de un regalo; un regalo del que tal vez al principio podríamos pensar: *Esto no es para mí. No es algo que quiero. No le añadirá nada a mi vida.* Pero cuando abrimos el regalo y lo hacemos nuestro, descubrimos que llena nuestra vida de un profundo sentido de significado, nos da perspectiva, nos infunde esperanza y genera una verdadera alegría. ¿Quién no querría eso? Dios tiene un regalo que quiere dar y que podría llenar aquel lugar de temor con una sensación sólida de confianza en Su provisión. Este regalo debe servir como una corrección de rumbo semanal, para que podamos ver con mayor claridad adónde nos dirigimos y qué nos espera allí. Abrir este regalo y hacerlo nuestro tiene el poder de traer un ritmo de descanso a nuestras vidas.

Dios nos ha dado el regalo de un día —un día distinto de todos los demás de la semana— para alejarnos de la mesa del mundo, que nos llena con sus diversiones y tecnología, y nos aplasta con sus expectativas y compromisos. En cambio, este regalo nos invita a acercar una silla a la mesa donde Dios mismo quiere llenarnos de sí mismo y llevar sobre sí todo lo que nos pesa.

Pero seamos sinceros. Muchos de nosotros nos ponemos nerviosos cuando sale el tema del sábat o el día del Señor, porque tenemos miedo de estar usando el día de Dios de manera incorrecta, y en realidad, preferiríamos seguir haciendo lo que estamos haciendo. En otras palabras, no vemos lo que Dios ha puesto delante de nosotros —conservar un día de entre siete como santo para Él— como un regalo, sino más bien como una restricción. Creemos que cualquier cosa que hagamos para restringir nuestro uso de ese día terminará restándole algo a nuestra vida, que se volverá menos placentera, menos satisfactoria, menos estimulante y, sinceramente, mucho menos interesante que aquello que nos gusta hacer. Hemos llegado a considerarlo *nuestro* día, no *Su* día. Nos contentamos con darle unos 90 minutos de ese día, quizás incluso tres horas si vamos a la escuela dominical así como al momento de adoración, o a un grupo pequeño además de la reunión, pero a menudo terminamos mirando el reloj porque queremos pasar a lo que realmente deseamos hacer: llegar al partido, tomar una siesta, trabajar en un proyecto, sintonizar algún programa, prepararnos para la semana entrante. Hay una voz en el interior de algunos de nosotros que dice: «Este es *mi* tiempo, y puedo hacer lo que prefiera». Sin embargo, Aquel que creó el tiempo quiere que ese mismo tiempo testifique de *Sus* propósitos en el mundo y en Su pueblo.

Algunos hemos llegado a ver cualquier clase de restricción a lo que hacemos o no hacemos este día como legalismo anticuado, y por cierto no queremos nada de eso. Entonces, no establecemos restricciones. No hacemos ningún preparativo. Y aunque no tenemos intención de hacer nada malo o impropio en este día, la verdad es que nuestro día se parece bastante al de cualquier vecino no creyente, excepto, quizás, por la hora o dos que pasamos en la iglesia.

Así que, si esto va a cambiar en algún momento, o si vamos a convencernos siquiera de que tiene que cambiar, tendremos que entender, en primer lugar, por qué Dios estableció un día de entre siete para separar para Él. Tal vez si comprendemos mejor por qué quería darnos este día como un regalo, estaremos dispuestos a soltarlo y dejar de usarlo a nuestra manera. Hasta entonces, cualquier sugerencia de apartar un día como sagrado nos parecerá legalismo o mero tradicionalismo.

La promesa de descanso en el Edén

Cuando leemos sobre la creación del mundo en Génesis 1, surge un patrón. Seis veces, leemos: «Y fue la tarde y la mañana el día _____». Pero cuando llegamos al séptimo día, falta algo. Leemos:

> Y acabó Dios en el día séptimo la obra que hizo; y reposó el día séptimo de toda la obra que hizo. Y bendijo Dios al día séptimo, y lo santificó, porque en él reposó de toda la obra que había hecho en la creación. (Gén. 2:2-3)

No aparece «y fue la tarde y la mañana el día séptimo». Chad Bird escribe: «Es como si ese día nunca terminara, como si estuviera esperando algo —o a alguien— para llevarlo a su cierre».[1]

Dios había hecho Su obra para la creación, y después, descansó. El Padre había terminado la obra, pero Adán no. Adán recibió trabajo para hacer en Edén. Debía (1) llenar la tierra con hijos que portaran su imagen, (2) someter la tierra al extender el huerto cultivado más allá de las fronteras del Edén, y (3) ejercer dominio sobre la creación, protegiéndola del mal. Pero esta tarea no era ilimitada. Había un objetivo o una meta. Si Adán se hubiera aplicado a la tarea, habría llegado el día de la finalización.[2] Él, al igual que Dios, habría podido decir: «Consumado es. He acabado la obra que me diste que hiciese». Y Dios les habría dicho a Adán, a Eva y a toda su posteridad: «Bien, buen siervo y fiel; sobre poco has sido fiel, sobre mucho te pondré; entra en el gozo de tu señor» (Mat. 25:21).

Al descansar de esta obra de creación, Dios le estaba mostrando a Adán qué podía esperar cuando terminara con su obra de someter la tierra, ejercer dominio sobre ella y llenarla de portadores de imagen.[3] Había una promesa implícita: «Trabaja, y descansarás conmigo». Para mantener a Adán orientado hacia su meta, y evitar que perdiera de vista el descanso prometido, Adán debía emular el patrón divino de trabajar seis días y descansar al séptimo.[4] No sabemos cuánto habría continuado este patrón de trabajo y descanso hasta que Adán hubiera completado su obra y entrado al descanso permanente del sábat.[5] Pero lo que sí vemos es que, al principio, el Edén no era como iba a ser para siempre. Incluso en el Edén, la historia tenía un rumbo definido. Se dirigía a un descanso eterno y absolutamente satisfactorio en la presencia de Dios. Si Adán hubiera obedecido y completado su tarea, habría llevado a toda la humanidad al descanso. Pero, por supuesto, Adán falló en la obra que le fue dada para hacer. No ejerció dominio sobre la serpiente malvada ni sobre sus propios apetitos. Así que, en vez de guiarnos al descanso, nos sumergió en el desasosiego inherente a un mundo corrompido por el pecado.

Había solo una manera en que el pueblo de Dios entrara al descanso eterno que Él había planeado para Su pueblo. Requeriría de otro Adán, otro representante del pueblo de Dios, para que completara la obra.[6] Cuando nació Caín, el hijo de Adán y Eva, ella celebró, diciendo: «Por voluntad de Jehová he adquirido varón» (Gén. 4:1). Seguramente esperaba que este hijo fuera el descendiente prometido que los guiaría al descanso. Sin embargo, era tan impaciente, tan incapaz de gobernarse incluso a sí mismo (ni hablar de la creación), que mató a su hermano Abel. Todavía, nada de descanso. Varias generaciones después, cuando Lamec tuvo un hijo, «llamó su nombre Noé, diciendo: Este nos aliviará de nuestras obras y del trabajo de nuestras manos, a causa de la tierra que Jehová maldijo» (Gén. 5:29). Tal vez Noé sería el que llevaría al pueblo de Dios a descansar.

Cuando salió del arca a la nueva creación, Dios le asignó la misma tarea que Adán había tenido en la primera creación:

> Bendijo Dios a Noé y a sus hijos, y les dijo: Fructificad y multiplicaos, y llenad la tierra. El temor y el miedo de vosotros estarán sobre todo animal de la tierra, y sobre toda ave de los cielos, en todo lo que se mueva sobre la tierra, y en todos los peces del mar; en vuestra mano son entregados. (Gén. 9:1-2)

Fructificar y multiplicarse, someter y dominar. Pero pocos versículos después de estos que detallan la obra asignada a Noé, encontramos que también fracasó. El problema aquí no fue comer del fruto de un árbol, sino beber del fruto de una viña y embriagarse. Otro fracaso que llevó a una vergonzosa desnudez. Otro fracaso a la hora de someter la creación y gobernarla. Todavía, nada de descanso.

Algunas generaciones más tarde, cuando Dios se le apareció a Abraham, quedó claro que el propósito original que Dios tenía para Adán en el Edén seguía en pie. Pero en vez de enunciar un mandamiento, Dios le dio a Abraham una promesa. En vez de mandarle que fuera fiel, le prometió que lo haría fructificar. Sus descendientes serían tan numerosos como la arena del mar o las estrellas del cielo. En lugar de mandarle que ejerciera dominio sobre la naturaleza, Dios prometió darle posesión de la tierra de Canaán y someter a sus enemigos allí.

El recordatorio de descanso en el desierto

Cuando en el primer capítulo de Éxodo leemos que «los hijos de Israel fructificaron y se multiplicaron» (v. 7), es evidente que Dios de verdad había prosperado a los descendientes de Abraham. Sin embargo, no estaba descansando. Eran esclavos, y probablemente trabajaban siete días a la semana para el faraón egipcio. Así que, cuando salieron de Egipto, cruzaron el Mar Rojo y de inmediato recibieron el mandamiento de guardar el día de reposo, seguramente les pareció un regalo maravilloso (Ex. 16:22-30). Más adelante, Moisés descendió del monte Sinaí con dos tablillas de piedra que enseñaban al pueblo de Dios cómo vivir una vez que se instalaran en la tierra que Él les daría. En esas tablillas de piedra, estaba este mandamiento:

> Acuérdate del día de reposo para santificarlo. Seis días trabajarás, y harás toda tu obra; mas el séptimo día es reposo para Jehová tu Dios; no hagas en él obra alguna, tú, ni tu hijo, ni tu hija, ni tu siervo, ni tu criada, ni tu bestia, ni tu extranjero que está dentro de tus puertas. Porque en seis días hizo Jehová los cielos y la tierra, el mar, y todas las cosas que en ellos hay, y reposó en el séptimo día; por tanto, Jehová bendijo el día de reposo y lo santificó. (Ex. 20:8-11)

El día de reposo semanal debía refrescar la memoria colectiva de Israel respecto a la suficiencia de Dios y Su provisión en el pasado, y a Su promesa con respecto al futuro. Debían recordar Su obra de creación así como Su obra redentora. Debía servir como una señal siempre presente de una relación de amor entre Dios y Su pueblo. Antes de que Moisés descendiera de la montaña con las tablillas, Dios reiteró el mandamiento: «Tú hablarás a los hijos de Israel, diciendo: En verdad vosotros guardaréis mis días de reposo; porque es señal entre mí y vosotros por vuestras generaciones, para que sepáis que yo soy Jehová que os *santifico*» (Ex. 31:13). Guardar el día de reposo separaría al pueblo de Dios como un pueblo tan bien cuidado por su Dios que podía tomarse un día para descansar. Los separaría como personas que tenían algo que esperar: un descanso eterno y absoluto en la presencia del único Dios verdadero.

No era tan solo el ritmo de sus semanas lo que debía adoptar esta forma de sábat. Todo su tiempo, así como la totalidad de su sistema socioeconómico, tenía que tomar esta forma (ver Lev. 23; 25). Cada siete años, la tierra se dejaba descansar. No se araba ni se sembraba. Dios prometió proveer suficiente cosecha el año sexto para que durara tres años, de manera que pudieran dejar descansar la tierra y aún así tener suficiente alimento. De esta manera, recordarían la tierra mejor que Dios les estaba preparando, y la provisión que estaba haciendo para su descanso.

Cada siete años tenía que haber un año sabático. Durante este año, se liberaban mutuamente de las deudas incurridas en los seis años anteriores (Deut. 15:1). Así, recordarían la libertad y el perdón que disfrutarían en el descanso venidero. Después, cada siete veces siete años, había un año de jubileo. Esta vez, toda propiedad perdida o vendida se le regresaba a la tribu o clan al cual Josué se la había asignado cuando entraron a la tierra prometida. De esta manera, recordarían habitualmente que Dios sería fiel en preservar su herencia, no solo en la tierra prometida de Canaán, sino también en la tierra prometida suprema del cielo y la tierra nuevos, donde experimentarían un descanso final y eterno. Dios guio a Su pueblo a la tierra prometida de

Canaán con una promesa de que los haría prosperar, y que someterían el mundo animal y ejercerían dominio:

> Y yo daré paz en la tierra, y dormiréis, y no habrá quien os espante; y haré quitar de vuestra tierra las malas bestias, y la espada no pasará por vuestro país. Y perseguiréis a vuestros enemigos, y caerán a espada delante de vosotros. Cinco de vosotros perseguirán a ciento, y ciento de vosotros perseguirán a diez mil, y vuestros enemigos caerán a filo de espada delante de vosotros. Porque yo me volveré a vosotros, y os haré crecer, y os multiplicaré, y afirmaré mi pacto con vosotros. (Lev. 26:6-9)

Tal vez Israel, como primogénito de Dios, cumpliría de manera colectiva con la obra que Adán no había podido hacer. Quizás Israel habitaría en esta especie de jardín, adorando y sirviendo a Dios, multiplicando Su imagen y adorándolo por toda la tierra, y cuando completara su obra, entraría al descanso sabático eterno de Dios.[7] Tal vez el regalo del descanso dado en el día de reposo conservaría esta idea del significado y el propósito de sus vidas y lo tendrían siempre presente en sus mentes, así como en sus corazones.

O tal vez no.

La ruina del descanso en Canaán

Años más tarde, escuchamos al Señor decirle a Su pueblo a través del profeta Ezequiel:

> Y les di también mis días de reposo, para que fuesen por señal entre mí y ellos, para que supiesen que yo soy Jehová que los santifico. Mas se rebeló contra mí la casa de Israel en el desierto; no anduvieron en mis estatutos, y desecharon mis decretos, por los cuales el hombre que los cumpliere, vivirá; y mis días de reposo profanaron en gran manera. (Ezeq. 20:12-13)

El día que Dios hizo santo, ellos lo hicieron común, incluso sucio, debido a la oscuridad de su corazón. A través del profeta Amós, el Señor declaró:

> Oíd esto, los que explotáis a los menesterosos, y arruináis a los pobres de la tierra, diciendo: ¿Cuándo pasará el mes, y venderemos el trigo; y la semana, y abriremos los graneros del pan, y achicaremos la medida, y subiremos el precio, y falsearemos con engaño la balanza, para comprar los pobres por dinero, y los necesitados por un par de zapatos, y venderemos los desechos del trigo? Jehová juró por la gloria de Jacob: No me olvidaré jamás de todas sus obras. ¿No se estremecerá la tierra sobre esto? ¿No llorará todo habitante de ella? (Amós 8:4-8)

Dios les había dado el día de reposo con la intención de que Su regalo generoso los llevara a ser generosos unos con otros; en cambio, usaron incluso el sábat para aprovecharse de los demás. No lo consideraron un regalo. Lo veían como una carga. En vez de permitir que el día de reposo formara sus vidas y sus esperanzas, en vez de usar este día para sustentar una relación de amor con Dios, lo sacaron a empujones con su crueldad e hipocresía. Tanto así, que el profeta Isaías habló de parte de Dios, diciendo:

> No me traigáis más vana ofrenda; el incienso me es abominación; luna nueva y día de reposo, el convocar asambleas, no lo puedo sufrir; son iniquidad vuestras fiestas solemnes. Vuestras lunas nuevas y vuestras fiestas solemnes las tiene aborrecidas mi alma; me son gravosas; cansado estoy de soportarlas. (Isa. 1:13-14)

Dios les había dado un regalo, y lo que hicieron con ese regalo fue una ofensa, una carga, para Él. No hay ningún registro de que el pueblo de Dios haya dejado descansar la tierra cada siete años como se le instruyó, así que el Señor se encargó de hacerlo. ¿Cómo? El cronista relata:

> Los que escaparon de la espada fueron llevados cautivos a Babilonia, y fueron siervos de él y de sus hijos, hasta que vino el reino de los persas; para que se cumpliese la palabra de Jehová por boca de Jeremías, hasta que la tierra hubo gozado de reposo; porque todo el tiempo de su asolamiento reposó, hasta que los setenta años fueron cumplidos. (2 Crón. 36:20-21)

Después de esos 70 años, llegó el día en que el pueblo de Dios regresó del exilio en Babilonia y, bajo el liderazgo de Nehemías, renovó su compromiso de guardar el día de reposo. Prometieron: «Si los pueblos de la tierra trajesen a vender mercaderías y comestibles en día de reposo, nada tomaríamos de ellos en ese día ni en otro día santificado; y que el año séptimo dejaríamos descansar la tierra, y remitiríamos toda deuda» (Neh. 10:31). Pero poco tiempo después, Nehemías regresó a Jerusalén después de una breve ausencia e hizo esta observación exasperada:

> En aquellos días vi en Judá a algunos que pisaban en lagares en el día de reposo, y que acarreaban haces, y cargaban asnos con vino, y también de uvas, de higos y toda suerte de carga, y que traían a Jerusalén en día de reposo; y los amonesté acerca del día en que vendían las provisiones. También había en la ciudad tirios que traían pescado y toda mercadería, y vendían en día de reposo a los hijos de Judá en Jerusalén. (Neh. 13:15-16)

Mientras que Israel falló vez tras vez y no guardó el día de reposo como Dios había mandado, llegó el día en que sus líderes buscaron remediar el problema. No lo hicieron con el corazón inclinado a Dios en obediencia gozosa; en cambio, apilaron reglas adicionales. El legalismo desprovisto de amor a Dios le quitó al día de reposo su propósito y su significado, transformándolo en una carga en vez de un regalo. Claramente, si el pueblo de Dios iba a tener alguna esperanza de entrar al descanso de Dios, tendría que haber un segundo Adán, un verdadero Israel, para cumplir con la obra que Adán e Israel no habían cumplido, y para llevar a la humanidad al descanso que ellos no habían podido alcanzar.

La revelación del descanso en Jesús

Jesús vino a este mundo ofreciendo una invitación personal a entrar en el descanso de Dios: «Venid a mí todos los que estáis trabajados y cargados, y yo os haré descansar» (Mat. 11:28). Jesús dejó en claro que el descanso de Dios no se alcanza mediante nuestra obra sino a través de la de Él. Nuestra obra ahora es poner nuestra fe y nuestra confianza en Su obra. «Esta es la obra de Dios, que creáis en el que él ha enviado», dijo Jesús (Juan 6:29).

Jesús fue fructífero y se multiplicó, y apeló a Simón y a Andrés, diciendo: «Venid en pos de mí, y os haré pescadores de hombres». Jesús sometió la tierra para que obedeciera lo que Él mandaba. Les dijo a dos pescadores cansados que bajaran sus redes, y estas se llenaron de tantos peces que rompieron las redes (Luc. 5:5-6). También «reprendió al viento, y dijo al mar: Calla, enmudece. Y cesó el viento, y se hizo grande bonanza» (Mar. 4:39). Jesús ejerció dominio sobre el mal, e impidió que Satanás hiciera un mal uso de la Palabra de Dios y la distorsionara, echando fuera demonios repetidas veces de aquellos que estaban bajo opresión demoníaca.

Mientras que Adán se escondió de Dios con vergüenza por su fracaso, Jesús pudo decirle a Su Padre: «Yo te he glorificado en la tierra; he acabado la obra que me diste que hiciese» (Juan 17:4). Por supuesto, la obra más grande que Cristo hizo se cumplió mientras colgaba de una cruz romana. No parecía algo demasiado fructífero; no parecía que estaba sometiendo la tierra ni que ejercía dominio sobre algo. Parecía que Sus esfuerzos no tenían sentido, como si lo estuvieran sometiendo, como si la simiente de la serpiente hubiese ganado. Este que había prometido descanso experimentó en la cruz el mayor tormento que un hombre jamás haya conocido, el tormento que tú y yo merecemos soportar para siempre. Allí en la cruz, Jesús clamó: «Dios mío, Dios mío, ¿por qué me has desamparado?» (Mat. 27:46), que también es la primera frase del Salmo 22. Fue como si Jesús estuviera diciendo: «El Salmo 22 se está cumpliendo aquí». Si hubiera seguido pronunciando las palabras del salmo, habría dicho:

> *Dios mío, Dios mío, ¿por qué me has desamparado?* ¿Por qué estás tan lejos de mi salvación, y de las palabras de mi clamor? Dios mío, clamo de día, y no respondes; y de noche, y no hay para mí reposo. (Sal. 22:1-2)

Era el sexto día de la semana cuando Cristo clamó desde la cruz: «Consumado es» (Juan 19:30). La obra estaba completa. En la cruz,

Jesús cumplió Su obra más provechosa, la salvación de todos los que creen; sometió la tierra de manera que se sacudió en respuesta. Y al cancelar el registro de la deuda que había contra nosotros con sus exigencias legales, clavándolo sobre la cruz, Jesús ejerció dominio. «... y despojando a los principados y a las potestades, los exhibió públicamente, triunfando sobre ellos en la cruz» (Col. 2:15). A Jesús lo pusieron en una tumba, y después vino el día de reposo, el sábat. «Después de trabajar hasta la muerte, Jesús descansó de Sus tareas».[8] Después, vino el primer día de la semana, el primer día de la nueva creación, el día en que Jesús se levantó de entre los muertos.[9]

Antes de ascender a la diestra de Dios, Jesús comisionó a Sus discípulos que continuaran con la obra de ser fructíferos y multiplicarse, de someter la tierra y ejercer dominio:

> Toda potestad me es dada en el cielo y en la tierra. Por tanto, id, y haced discípulos a todas las naciones, bautizándolos en el nombre del Padre, y del Hijo, y del Espíritu Santo; enseñándoles que guarden todas las cosas que os he mandado; y he aquí yo estoy con vosotros todos los días, hasta el fin del mundo. (Mat. 28:18-20)

Como esta fructificación y multiplicación ocurren a través de la proclama y la aceptación del evangelio, en lugar de dar a luz, incluso aquellos que no tienen hijos físicos, como Pablo, pueden jactarse de tener muchos hijos.[10]Debido a la obra del segundo Adán, Cristo, llevada a cabo a través de Su esposa, la iglesia, la tierra nueva estará un día llena de Sus hijos, los cuales se habrán conformado a Su imagen, un pueblo rescatado para Dios de todo linaje, lengua, pueblo y nación (Apoc. 5:9; 7:9).

El descanso que permanece

Entonces, ¿dónde nos deja esto en cuanto a guardar el día de reposo? Sinceramente, los teólogos sólidos tienen perspectivas distintas.[11] En ninguna parte del Nuevo Testamento se nos dice explícitamente que guardemos el sábat. Es más, hay algunos versículos en las Epístolas que pueden sugerir lo contrario (ver Rom. 14:5; Gál. 4:10; Col. 2:16).

Sabemos que hay muchos aspectos de la ley ceremonial que se aplicaban al pueblo de Dios, leyes que eran una sombra de cuestiones por venir, y que Cristo cumplió. Una vez que la sustancia apareció —la persona de Cristo—, la sombra quedó obsoleta. Sin embargo, también vemos que hay algunas sombras o señales del antiguo pacto que Jesús tomó y transformó en señales del nuevo pacto. La noche en que lo traicionaron, Jesús tomó la fiesta de la Pascua y le infundió un nuevo significado con la Cena del Señor. Pablo escribe: «Así, pues, todas las veces que comiereis este pan, y bebiereis esta copa, la muerte del Señor anunciáis hasta que él venga» (1 Cor. 11:26).

Esta cena debe mantener nuestras vidas orientadas alrededor del banquete que nos ofrece la muerte expiatoria de Cristo y el banquete futuro de las bodas del Cordero. La señal de la circuncisión fue reemplazada por la señal más plena del bautismo (Col. 2:10-12), el cual no solo hace que miremos atrás a la muerte y resurrección de Cristo, sino también al futuro, al día en que Su obra salvífica y santificadora en nosotros se complete, y nos levantemos de la tumba a Su perfecta semejanza. De manera similar, el sábat que se cumplió en Cristo fue reemplazado por otra cosa. En el Nuevo Testamento, vemos que los creyentes en Cristo empezaron a reunirse el primer día de la semana y a llamarlo el día del Señor (Hech. 20:7; 1 Cor. 16:2; Apoc. 1:10). Mientras que el viejo sábat apuntaba a la creación y la redención, el día del Señor celebra la nueva creación, evidenciada en la resurrección de Jesús.[12] Nos reunimos en el día del Señor para recordar la creación y la redención, así como para anticipar la nueva creación. Se nos recuerda que todavía no estamos en casa con el Padre; todavía no estamos caminando con Él en el nuevo jardín donde lo veremos cara a cara. Experimentamos una medida de descanso al ser unidos a Cristo en Su muerte y resurrección, pero sabemos que hay un descanso mejor, más pleno y final en el futuro.

El escritor de Hebreos escribió a los creyentes del primer siglo: «Por tanto, queda un reposo para el pueblo de Dios. Porque el que ha entrado en su reposo, también ha reposado de sus obras, como Dios de las suyas. Procuremos, pues, entrar en aquel reposo» (Heb. 4:9-11). Él mira hasta el Edén, donde Dios descansó después de completar Su obra, y reitera la promesa que fue central a la observancia del sábat a través de los siglos: la realidad de un descanso más pleno del cual este día es una señal y un recordatorio, una oportunidad para reorientarnos.

Por eso, se nos sigue ofreciendo un día de descanso como regalo. Como todavía no hemos llegado al descanso del sábat, que señalaba el día semanal de reposo, tiene sentido que sigamos separando un día de cada siete para orientarnos a aquel descanso futuro.[13] Pero la pregunta que enfrentamos es la siguiente: ¿Estamos dispuestos a recibir el regalo que este día debe ser para nosotros? Si llegamos a la convicción inamovible de que Dios nos manda separar un día para Él de cada siete, y si verdaderamente tememos a Dios, santificaremos Su día. Sencillamente, no será como cualquier otro día. Nos propondremos no arruinarlo con legalismo o negligencia. Todas las listas de cosas para hacer o no hacer ya no importarán, porque en nuestro corazón, no nos preguntaremos si nos podremos salir con la nuestra. En cambio, nos dedicaremos con alegría a descubrir cómo aprovechar al máximo este regalo.

Amigos, el día del Señor no nos es dado como un día deportivo. No es tan solo un día para estar en familia. Es el día de Dios. Es un día para obras de necesidad, obras de misericordia y obras de piedad que fluyan de un deseo de separar el día para Él.[14]Si este día nos fue dado como un regalo, ¿cómo empezamos a hacerlo nuestro? Tal vez podríamos empezar aquí: algunos nunca leímos toda la Biblia. Algunos no hemos leído ni un libro cristiano en el último año. Algunos nunca nos comprometeríamos con un estudio bíblico, y diríamos rápidamente: «No tengo tiempo». ¿En serio? Dios te ha dado un día para concentrarte en Él, en todo lo que te ha dado y en lo que está preparando para ti. ¿No podrías separar algo de tiempo ahí para escucharlo y leer Su Palabra? Algunos de nosotros no podemos recordar cuándo fue la última vez que pasamos más de cinco minutos en oración meditativa. ¿Acaso el día del Señor no sería un momento excelente para separar tiempo y hablar con Él? Algunos nunca desarrollamos el hábito de meditar en la Escritura. ¿Acaso el día del Señor no sería un momento excelente para reflexionar en algún pasaje de la Escritura, repetirlo y quizás incluso memorizarlo, para que se transforme en parte de nosotros? ¿No sería un momento excelente para suplir la necesidad de alguien a quien hemos estado demasiado ocupados para servir los otros seis días?

Si la idea de alejarnos del televisor, de la cancha de fútbol, la oficina o las tareas de la escuela para poder concentrarnos en Dios no nos resulta atractiva, entonces la nueva creación nos aburrirá.

Esta vida nunca fue creada para llevar una existencia sin rumbo; siempre se dirigió a alguna parte, a un lugar mejor que el Edén. El destino que tenemos por delante debería formar nuestra manera de vivir día a día, semana a semana, y año con año. «Procuremos, pues, entrar en aquel reposo». ¿Cómo? Al descansar en la obra terminada de Cristo y pasar un día, todas las semanas, anticipando el descanso que tenemos por delante gracias a eso.

Llegará el día en que despertaremos a un día eterno de descanso. ¿No sería bueno, en medio del desasosiego de este mundo, pasar un día a la semana anticipando aquel día?

Solo excelso, amor divino,
desde el cielo descendió;
Fija aquí tu hogar humilde
coronando así tu don.
Eres tú, Jesús bendito,
todo amor y compasión;
Ven al corazón que sufre;
Tráenos la salvación.

Con tu Espíritu da aliento
a quien sufre en su pesar;
Que la herencia en Ti tengamos
y podamos descansar.
Tú, el Alfa y Omega
sé de todo nuestro ser;
que tu gracia nos proteja
y sostenga siempre, siempre nuestra fe.

Oh, amor, no te separes
de tu Iglesia terrenal;
únela estrechamente
con el lazo fraternal.
Ven, Altísimo, a librarnos,
dótanos de tu favor;
Nuestro afán tan solo sea
siempre proclamarte, proclamar tu amor.

Haznos nuevas criaturas,
purifica nuestro ser.
Que la salvación divina
siempre en Ti podamos ver.
Llévanos de gloria en gloria
a la celestial mansión;
donde ante Ti postrados
te rindamos toda, toda devoción.[15]

7

La historia de los hijos

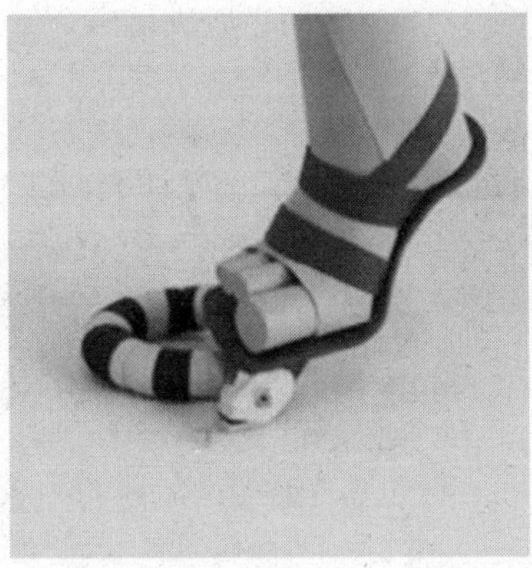

Habían pasado unos seis meses desde la muerte de nuestra hija Hope, y todo lo que leía en la Biblia parecía diferente. Mi tarea para el estudio bíblico esa semana era leer el Salmo 91 y compartir con el grupo cómo había sido real en mi vida. Esto fue lo que leí:

> El que habita al abrigo del Altísimo morará bajo la sombra del Omnipotente. Diré yo a Jehová: Esperanza mía, y castillo mío; mi Dios, en quien confiaré.
>
> El te librará del lazo del cazador, de la peste destructora. Con sus plumas te cubrirá, y debajo de sus alas estarás seguro; escudo y adarga es su verdad. No temerás el terror nocturno, ni saeta que vuele de día, ni pestilencia que ande en oscuridad, ni mortandad que en medio del día destruya.

> Caerán a tu lado mil, y diez mil a tu diestra; mas a ti no llegará. Ciertamente con tus ojos mirarás y verás la recompensa de los impíos.
>
> Porque has puesto a Jehová, que es mi esperanza, al Altísimo por tu habitación, no te sobrevendrá mal, ni plaga tocará tu morada.
>
> Pues a sus ángeles mandará acerca de ti, que te guarden en todos tus caminos. En las manos te llevarán, para que tu pie no tropiece en piedra. Sobre el león y el áspid pisarás; hollarás al cachorro del león y al dragón.
>
> Por cuanto en mí ha puesto su amor, yo también lo libraré; le pondré en alto, por cuanto ha conocido mi nombre. Me invocará, y yo le responderé; con él estaré yo en la angustia; lo libraré y le glorificaré. Lo saciaré de larga vida, y le mostraré mi salvación.

Recuerdo estar sentada aquel día en ese círculo, llorando. Tuve que decirle al grupo: «No entiendo cómo esto puede ser verdad. Él *sí* permitió que nos sobreviniera mal. Una plaga *sí* tocó nuestra morada. Es más, permitió que algo mucho peor nos sucediera que tropezar en piedra». No parecía que nos había protegido en absoluto.

Las palabras de la página no me sonaban ciertas ni confiables. Sin embargo, creía firmemente que la Palabra de Dios es verdad; que, de hecho, es la verdad más sólida y confiable en el universo. Así que sabía que seguramente no estaba leyendo o entendiendo correctamente este salmo. El mensaje parecía ser que, si confías en Dios, nada malo te sucederá. Cualquiera que haya caminado con Dios algún tiempo sabe que esto no es verdad, aunque muchos predicadores intentan vender ese mensaje apoyándose en pasajes como este. Entonces, ¿qué significa este salmo en realidad? Y de manera más significativa, ¿qué clase de protección podemos esperar tú y yo de parte de Dios? ¿Somos completamente vulnerables a las fuerzas malignas en el mundo?

Para obtener una respuesta, una perspectiva sobre lo que este salmo y otros similares prometen, tenemos que empezar por el principio, cuando el mal entró por primera vez a lo perfecto de la creación divina. Tenemos que seguir la historia de la simiente de la serpiente y la simiente de la mujer.

La seducción de la serpiente

Aunque el Edén fue creado como algo bueno, no era completamente seguro. Allí en el jardín original, Adán y Eva eran vulnerables al mal, al engaño e incluso a la muerte. Aunque tal vez no hayamos pensado en el Edén de esta manera antes, se vuelve evidente si consideramos que el mal habitó el cuerpo de una serpiente común y trajo muerte al jardín. Para Eva, tendría que haber sido una gran señal de alarma que un animal empezara a hablarle. Ella y Adán habían recibido autoridad sobre todas las bestias del campo, y esta bestia le estaba respondiendo.

La serpiente disfrazó sus intenciones fingiendo mostrarle a Adán y a Eva una injusticia, una falsedad por parte de Dios. «¿Conque Dios os ha dicho: No comáis de todo árbol del huerto? [...] No moriréis; sino que sabe Dios que el día que comáis de él, serán abiertos vuestros ojos, y seréis como Dios, sabiendo el bien y el mal» (Gén. 3:1, 4-5).

Adán tendría que haber detectado la mentira en la manera en que la serpiente torció lo que Dios había dicho; tendría que haber reconocido el mal en su sugerencia; tendría que haberle aplastado la cabeza allí mismo. En cambio, él y Eva la escucharon. Al comer del fruto del árbol prohibido cuando ella los instó a hacerlo, en esencia, transfirieron su lealtad a la serpiente.

Es un milagro, una misericordia divina, que Dios no haya descendido ahí mismo para aniquilar a Sus nuevos siervos. Por el contrario, Dios vino en gracia, buscando a Sus hijos errantes, cubriéndolos y anunciando una maldición sobre la serpiente, que había causado tanto daño.

Dios el Señor dijo entonces a la serpiente:

> «Por causa de lo que has hecho, ¡maldita serás entre todos los animales, tanto domésticos como salvajes! Te arrastrarás sobre tu vientre, y comerás polvo todos los días de tu vida. Pondré enemistad entre tú y la mujer, y entre tu simiente y la de ella;

su simiente te aplastará la cabeza, pero tú le morderás el talón». (Gén. 3:14-15, NVI)

Aunque Dios ordenó un mundo donde el mal y la rebelión eran posibles, no los creó. Sin embargo, Él es claramente soberano sobre ellos. Así como Su palabra tiene poder para bendecir, también tiene poder para maldecir. Dejó bien en claro que los días de este maligno estaban contados. Un día, nacería un bebé, un descendiente de la mujer a la cual la serpiente acababa de engañar y de lastimar con tanta crueldad. Su simiente haría lo que Adán tendría que haber hecho. Un día, su simiente le aplastaría la cabeza al mal para siempre.

De vez en cuando, mientras camino por los senderos del parque arbolado cerca de mi casa, veo alguna serpiente arrastrándose por el suelo. Tiene sentido encontrar una serpiente en el bosque. Lo que me hace poner los pelos de punta es cualquier historia de serpientes que se encuentran en otros lugares. Fíjate en Google. Encontrarás historias de serpientes enroscadas en motores de auto, de algún ejemplar pequeño metido en una caja de fideos, de serpientes que salen de máquinas expendedoras o se esconden bajo las sábanas. Creo que todos estamos de acuerdo en que nadie quiere encontrar una serpiente debajo de las sábanas. Pero si te encuentras con una serpiente, ¿cuál es la manera más evidente de matarla? Písale la cabeza. Córtasela. Aplástasela con una roca bien grande. Y si eres una serpiente (y por supuesto, no lo eres), ¿cuál sería la manera más probable de intentar atacar a un humano mientras te deslizas por el suelo; en especial, si ese humano está intentando aplastarte la cabeza? Le morderás el talón.

Evidentemente, es una imagen de lo que sucederá en el clímax de esta batalla épica que Dios pone en movimiento en el Edén. En el proceso de aplastar la cabeza de la serpiente, un hijo en particular experimentará los colmillos venenosos de la serpiente en su talón. El veneno del pecado le asestará un golpe mortal a este hijo.

Pero hasta esa batalla final, habrá muchas escaramuzas entre los hijos de la mujer y los hijos de la serpiente. Si eres de los que aman la paz, alguien que tan solo quiere que todos estén felices con los demás, tal vez este anuncio de un conflicto constante te parezca una noticia espantosa. Y en cierto sentido lo es, porque constantemente estamos atrapados en este conflicto. Pero también es una buena noticia. Al pecar, Adán y Eva se pusieron del lado de la serpiente y en contra de Dios. Pero al maldecir a la serpiente, Dios dio vuelta a las cosas. Puso una barrera de protección para ellos y sus hijos que impediría que hicieran algún falso acuerdo de paz con esta malvada serpiente. Dios transformó a estos fracasados rey y reina en sus aliados contra el verdadero enemigo. Esta enemistad permanente era para su beneficio. Dios abrió una brecha entre la mujer y el enemigo de su alma al tomar la iniciativa de salvarla.

Es la misma iniciativa que necesitamos que tome en nuestras vidas. Si no es por esta obra de gracia y misericordia divinas, siempre estaremos enemistados con Él, en lugar de estar enemistados con el maligno. En esta maldición sobre la serpiente, es como si Dios se volviera a Adán y a Eva, que se rebelaron contra Él y rechazaron Sus buenas dádivas, y dijera: «Voy a hacer guerra, pero no contra ustedes. Abriré una brecha entre ustedes y este que solo pretende hacerles daño. Voy a pelear a favor de ustedes y en contra de su enemigo».[1]

Sin embargo, esta guerra no se limita a Adán y a Eva y esta serpiente; ni siquiera a ese hijo particular y la serpiente. Se expandirá a un conflicto permanente entre las generaciones de las simientes tanto de la mujer como de la serpiente. Satanás es la cabeza de un reino de maldad. Aunque sus hijos no son descendientes físicos, tiene un ejército de espíritus malignos y pecadores impenitentes que obtienen su naturaleza de él».[2]

La simiente de la mujer en guerra con la simiente de la serpiente

Este conflicto estalló entre los primeros hijos, con la ira asesina de Caín hacia su hermano Abel. En esta primera generación, vemos que la «simiente de la mujer» no incluye a todo ser humano que descienda de Eva. La simiente de la mujer se refiere a aquellos que Dios pone en enemistad con Satanás y con los que hace la paz a través de Cristo. Aunque Eva era la madre de Caín y de Abel en un sentido físico, solo

Abel era su simiente en el sentido espiritual. Aunque Caín era el descendiente físico de Eva, era el descendiente espiritual de Satanás.[3] Desde el principio mismo de la historia de la Biblia, vemos que el linaje familiar no garantiza la gracia salvadora.

El libro de Génesis, así como otros libros del Antiguo Testamento, se esfuerza por trazar el linaje de los descendientes. Por eso, en el Antiguo Testamento hay tantas genealogías que nunca quisieras que te asignaran leer frente a un grupo. Aunque tal vez te veas tentado a saltearlas o leerlas por arriba cuando surgen en medio de tu lectura bíblica, en realidad, estas genealogías son fascinantes y de suma importancia. Contienen una tensión que no es evidente si no entendemos que estamos trazando la historia de los descendientes. Mientras leemos, deberíamos preguntarnos: ¿Qué les sucederá a los descendientes de la mujer? ¿Qué pasará con la línea particular a través de la cual Dios diseñó que naciera el niño, Aquel que terminaría de una vez por todas con este enemigo?

Esta batalla constante y la amenaza al linaje de la mujer son centrales en algunas de las escenas más significativas en la historia del Antiguo Testamento. Cuando una hambruna amenaza la vida de sus descendientes, los once hijos de Jacob huyen a Egipto, donde hay alimento. Sin embargo, 400 años más tarde, han sido reducidos a esclavos en Egipto. Queda claro que la simiente de la mujer está enemistada con la de la serpiente: el faraón, quien usaba una serpiente en su tocado que simbolizaba la fuente de su poder. El faraón estaba tan decidido a destruir a la simiente de la mujer que ordenó a las parteras que mataran a todos los hijos varones nacidos de las hebreas. Y cuando eso no funcionó, mandó que todos los bebés varones hebreos fueran arrojados al Río Nilo para morir ahogados. Sin embargo, un niño hebreo flotó por el Nilo hasta llegar a salvo a la casa del faraón. Él sería el que entregaría al descendiente de la mujer. Llegaría el día en que la simiente de la mujer, con un poder de dos millones, se pararía y observaría desde el lado occidental del Mar Rojo mientras la simiente de la serpiente, el ejército egipcio, era aplastado por un muro de agua.

Mientras la simiente de la mujer vagaba por el desierto durante 40 años, a menudo era difícil ver alguna evidencia de que eran una familia de fe. Se quejaban de su líder y de la comida, acusando a Dios de querer matarlos en el desierto. Entonces, Dios les permitió experimentar de cerca a su verdadero enemigo. Envió serpientes feroces para que mordieran al pueblo, y muchos murieron. Dios le dijo a Moisés: «Hazte una serpiente ardiente, y ponla sobre una asta; y cualquiera que fuere mordido y mirare a ella, vivirá» (Núm. 21:8). Allí en el asta, había una imagen de bronce de lo que los estaba matando: su pecado, representado por una serpiente. No era una serpiente victoriosa, sino más bien una vencida; tal vez, con la cabeza aplastada por la estaca que la atravesaba.[4] Todos los que pusieron su fe en la promesa de Dios para salvación y sanidad demostraron esa fe con su disposición de mirar la serpiente de bronce, y fueron salvos del veneno del pecado.

Años más tarde, en la tierra que Dios había prometido, se encontraron una vez más en una batalla feroz contra la simiente de la serpiente, el ejército filisteo. Pero esta vez, un filisteo en particular, Goliat de Gat, tenía una propuesta. Propuso que Israel enviara a un soldado a batallar contra él. Si el representante de Israel ganaba, todos los filisteos se transformarían en esclavos de Israel; pero si Goliat ganaba, todo Israel (la simiente de la mujer) sería esclavo del mal para siempre. Goliat salió cubierto con una armadura con cota de malla (1 Sam. 17:5). En otras palabras, estaba cubierto con una pechera de bronce parecida a las escamas de una serpiente. ¿Y qué hizo David, este descendiente de la mujer? Con una piedrita y una honda, le aplastó la cabeza a este descendiente de la serpiente.

Siglos más tarde, la simiente de la mujer fue enviada al exilio, y una en particular, una joven hermosa llamada Ester, se transformó en la esposa de Asuero, el rey de los medos y los persas. Pero había un hijo de la serpiente en acción a través de Amán, quien odiaba a los judíos con todo su ser. Manipuló al rey para que firmara un decreto que decía que, en un día en particular, todos en el reino debían levantarse para «destruir, matar y exterminar a todos los judíos» (Est. 3:13). Debemos entender lo que significa esto desde la perspectiva de la historia que traza la Biblia. Si se asesinaba a todos los judíos, no quedaría simiente de la mujer para aplastar la cabeza de la descendencia de la serpiente algún día. Sin embargo, Ester, la simiente de la mujer, prevaleció sobre Amán, la simiente de la serpiente, y este terminó muerto. Leemos que «el mismo día en que los enemigos de los judíos esperaban enseñorearse de ellos, sucedió lo contrario; porque los judíos se enseñorearon de los que los aborrecían» (Est. 9:1). La simiente de la mujer aplastó la cabeza de la descendencia de la serpiente.

La llegada de la simiente de la mujer

Por fin, llegó el día en que nació aquel descendiente especial. «Pero cuando vino el cumplimiento del tiempo, Dios envió a su Hijo, *nacido de mujer*» (Gál. 4:4). Pablo lo expresa de esta manera para que veamos la conexión entre el nacimiento de Jesús y la promesa que Dios hizo en Edén. Este es el indicado, *el* descendiente. Apenas nació, quedó en claro que la batalla seguía rugiendo. Mateo registra: «Cuando Jesús nació en Belén de Judea en días del rey Herodes, vinieron del oriente a Jerusalén unos magos, diciendo: ¿Dónde está el rey de los judíos, que ha nacido?» (Mat. 2:1-2). Herodes, hijo de la serpiente, reconoció la amenaza. Sin embargo, «un ángel del Señor apareció en sueños a José y dijo: Levántate y toma al niño y a su madre, y huye a Egipto, y permanece allá hasta que yo te diga; porque acontecerá que Herodes buscará al niño para matarlo» (Mat. 2:13).

El hijo de la serpiente perdió esa batalla pero no se dio por vencido. Desde el principio de Su ministerio y hasta el final, Jesús siempre estuvo en marcha contra los poderes de la oscuridad. Casi de inmediato después de ser tentado en el desierto por Satanás (quien, por cierto, citó el Salmo 91 y lo torció para hacerlo decir algo que no dice, como hacen los que enseñan la prosperidad), Jesús sufrió un embate de oposición en Nazaret, una multitud tan enojada que quería arrojarlo por un precipicio (Luc. 4:16-30). Fue hasta Capernaum y estaba en la sinagoga el día de reposo, cuando un hombre que tenía un espíritu inmundo «exclamó a gran voz, diciendo: Déjanos; ¿qué tienes con nosotros, Jesús nazareno? ¿Has venido para destruirnos? Yo te conozco quién eres, el Santo de Dios» (Luc. 4:33-34). Los demonios que habitaban en este hombre, de manera similar a la forma en que Satanás habitaba en la serpiente en el Edén, reconocieron que Jesús era el descendiente prometido que Satanás y sus secuaces habían anticipado con terror todo ese tiempo, el descendiente que había venido a destruirlos.

Cuando leemos los Evangelios, a veces nos da la impresión de que la posesión demoníaca era más común en ese momento y lugar que ahora. Y en cierto sentido, es verdad. Presenciamos tanta actividad demoníaca en los Evangelios porque la simiente de la mujer había llegado a la escena a poner fin a las obras del diablo, y todo el infierno se desató en un esfuerzo por impedir el golpe aplastante. Las huestes del infierno temblaban como una hoja, plenamente conscientes de cómo terminaría esta guerra.

Todos los agentes del infierno, ya fuera que se consideraran así o no, también participaban del conflicto. Los judíos de la época de Jesús creían que estaban del lado de todo lo que es bueno, debido a su relación sanguínea con Abraham. «Nuestro padre es Abraham», le dijeron a Jesús. Pero Jesús les respondió: «Si fueseis hijos de Abraham, las obras de Abraham haríais. Pero ahora procuráis matarme a mí, hombre que os he hablado la verdad, la cual he oído de Dios; no hizo esto Abraham. [...] Vosotros sois de vuestro padre el diablo, y los deseos de vuestro padre queréis hacer» (Juan 8:39-44). Eran hijos físicos de Abraham, pero claramente hijos espirituales del diablo.

La línea divisoria entre los hijos de la serpiente y los hijos de la mujer atraviesa las familias humanas. Por eso Jesús declaró:

> No penséis que he venido para traer paz a la tierra; no he venido para traer paz, sino espada. Porque he venido para poner en disensión al hombre contra su padre, a la hija contra su madre, y a la nuera contra su suegra; y los enemigos del hombre serán los de su casa. (Mat. 10:34-36)

No quiere decir que a Jesús le gustara el drama o el conflicto familiar. Lo que quería dejar en claro era que hay una relación familiar que supera a las relaciones de sangre. Lo importante es si estamos unidos por la fe a Su familia o si estamos unidos —mediante la apatía a Cristo, una ignorancia respecto a Él o una rebelión abierta en Su contra— al padre de las mentiras, el acusador de los hermanos, la serpiente antigua.

El quebrantamiento de la simiente de la mujer

Mientras Judas masticaba un pedazo de pan que Jesús acababa de darle, leemos que Satanás entró en él. El diablo pensó que este por fin sería su momento. Incluso Jesús, mientras lo arrestaban los soldados a instancias de los líderes religiosos, dijo: «Esta es vuestra hora, y la potestad de las tinieblas» (Luc. 22:53). Después de una serie de pruebas que revelaron la verdadera cara del enemigo, la batalla que había estado en pleno vigor desde el Edén llegó a un punto culminante. Esta fue la batalla más intensa, la más mortal y a su vez la más vivificante de todos los tiempos, y se peleó en el monte Calvario.

Cincuenta días más tarde, Pedro describió lo que había sucedido en la batalla, diciendo que cuando Jesús fue crucificado y muerto a manos de hombres sin ley, fue «entregado por el determinado consejo y anticipado conocimiento de Dios» (Hech. 2:23). Y como hemos ido siguiendo la historia de la simiente de la mujer y la descendencia de la serpiente, sabemos que es verdad. Esta batalla demoledora había sido el plan de Dios desde el Edén. Es lo que el profeta Isaías estaba diciendo cuando escribió:

> Con todo eso, Jehová quiso quebrantarlo, sujetándole a padecimiento. Cuando haya puesto su vida en expiación por el pecado, verá linaje, vivirá por largos días, y la voluntad de Jehová será en su mano prosperada. (Isa. 53:10)

Observa que Isaías deja en claro que este quebrantamiento de la simiente de la mujer no terminaría en derrota y muerte. «Vivirá por largos días». Surgirá después de haber sido aplastado por nuestras iniquidades y vivirá para siempre. La voluntad del Señor (todo lo que Dios quiso lograr a través del sufrimiento de este Siervo) se cumplirá.

Y no pases por alto esto: «Verá linaje». ¡El descendiente de la mujer tendrá descendencia! Su sufrimiento no será en vano sino que dará fruto, será próspero y tendrá un propósito.

Esta es la buena noticia del evangelio, que se encuentra en la historia del descendiente; una historia que cambia todo sobre el final de nuestra historia. «Siendo enemigos, fuimos reconciliados con Dios por la muerte de su Hijo» (Rom. 5:10). Y «tenemos paz para con Dios por medio de nuestro Señor Jesucristo» (Rom. 5:1). Qué buena noticia de gracia dada por primera vez en medio de la maldición: la enemistad con Satanás y la paz con Dios posibilitada por el sufrimiento de la simiente de la mujer.

A la luz de esta promesa de gracia, los verdaderos descendientes de la mujer ponen toda su fe, todas sus esperanzas y toda su confianza para un futuro mejor que el pasado —mejor de lo que merecen— en el descendiente prometido. Y podemos estar seguros de que el enemigo de nuestra alma quiere evitar eso.

Aquí empezamos a reconocer que estamos en medio de una batalla espiritual. «Porque no tenemos lucha contra sangre y carne, sino contra principados, contra potestades, contra los gobernadores de las tinieblas de este siglo, contra huestes espirituales de maldad en las regiones celestes» (Ef. 6:12). El enemigo te quiere como aliado, no en enemistad con él. Quiere reclamarte como suyo para la eternidad. Y si tienes hijos, también los quiere. Entonces, ¿qué hacemos? Tomamos armas espirituales para pelear en esta batalla espiritual. Nos saturamos y saturamos nuestros hogares de la Palabra de Dios. En vez de suponer que Dios salvará a nuestros hijos, le rogamos que los salve. Oramos para que nuestros hijos estén en enemistad con el maligno y reconciliados con Dios. Oramos para que no sean engañados por las mentiras del diablo, ni se rebelen contra el Señor. Oramos para que reconozcan la voz de su Salvador cuando los llame, para que sean revestidos por Él con la justicia de Cristo. Oramos para que se aferren a la gracia prometida en medio de la maldición. Oramos para que, cuando Cristo vea a Su descendencia, vea el rostro de nuestros hijos.

El quebrantamiento de la descendencia de la serpiente

El apóstol Juan escribió: «Para esto apareció el Hijo de Dios, para deshacer las obras del diablo» (1 Juan 3:8). Juan veía la muerte y la resurrección de Jesús a la luz de la historia de la descendencia de la serpiente y la simiente de la mujer. La lista de nuestros pecados que Satanás quería usar como arma contra nosotros fue clavada en la cruz, para que en Su muerte, Jesús «[despojara] a los principados y a las potestades, los [exhibiera] públicamente, triunfando sobre ellos en la cruz» (Col. 2:15). Jesús se levantó triunfante de la tumba que no pudo contenerlo y ascendió a la diestra del Padre, donde permanece hasta que vuelva a destruir a la serpiente antigua para siempre. Ahora, Satanás es como una serpiente cuya cabeza fue aplastada pero que todavía puede sacudir la cola y hacer estragos. «Vuestro adversario el diablo, como león rugiente, anda alrededor buscando a quien devorar» (1 Ped. 5:8). En un último esfuerzo por salirse con la suya en el mundo de Dios, sigue intentando destruir a la simiente de la mujer. A la luz de esto, la palabra de Pedro para nosotros es: «Resistid firmes [al diablo] en la fe, sabiendo que los mismos padecimientos se van cumpliendo en vuestros hermanos en todo el mundo» (1 Ped. 5:9). La realidad es que Satanás es un enemigo vencido.

Desde el jardín, Dios ha usado la existencia y la oposición de Satanás para cumplir Su plan divino para Su pueblo. Pero ese plan perfecto de Dios incluye un día futuro de condenación para el diablo. Llegará el día en que la cola de Satanás ya no golpeará como un látigo las vidas del pueblo de Dios. Juan vio ese día de antemano y registró su visión en Apocalipsis: «Y el diablo que los engañaba fue lanzado en el lago de fuego y azufre, donde estaban la bestia y el falso profeta; y serán atormentados día y noche por los siglos de los siglos» (Apoc. 20:10). Todos los hijos de la serpiente quedarán atados para siempre, bien lejos de los descendientes de la mujer que habrán hecho su hogar en la Nueva Jerusalén. «No entrará en ella ninguna cosa inmunda, o que hace abominación y mentira, sino solamente los que están inscritos en el libro de la vida del Cordero» (Apoc. 21:27). La lista de nombres escritos en este libro es una lista que jamás nos aburrirá y que no querremos pasar por alto.

La protección de la simiente de la mujer

Nuestra esperanza confiada en este día de juicio venidero para Satanás y sus hijos nos permite entender mejor las promesas aparentemente exageradas de protección que encontramos en el Salmo 91. El Salmo 91 sí promete la protección del Señor. La protección que se nos promete aquí a aquellos que nos refugiamos en Dios es una protección de la destrucción que caerá sobre la serpiente y su descendencia el día del juicio. El salmista describe aquel día en los versículos 7 y 8:

> Caerán a tu lado mil, y diez mil a tu diestra; mas a ti no llegará. Ciertamente con tus ojos mirarás y verás la recompensa de los impíos.

Por inspiración del Espíritu Santo, el salmista mira al futuro para ver el día en que «los malos» obtengan su merecido. Y con «los malos», no nos referimos solo a las personas que hagan cosas malas. Los malos también son aquellos que, en lugar de estar enemistados con la serpiente, son sus aliados, todos los que se han negado a reconciliarse con Dios. Los versículos 7 y 8 nos presentan una imagen de aquellos que habitan «al abrigo del Altísimo» (v. 1), y observan cómo los hijos de la serpiente por fin obtienen su merecido. La promesa del Salmo 91, presentada a todos los que han encontrado su refugio en Dios, es que serán protegidos de todos los castigos que experimenten aquellos que estén aliados con el diablo. La promesa de este salmo no es que en esta vida tendremos una protección física absoluta de todo lo que pueda amenazar nuestra comodidad, sino una protección del juicio que caerá al final sobre la serpiente y sus hijos.

Así que, desde el versículo 3 (y te resultará útil tener la Biblia abierta en el Salmo 91, o consultar la introducción de este capítulo, para abrirte paso por este argumento), cuando el salmista dice: «El te librará del lazo del cazador, de la peste destructora», debemos entender que, mientras que los hijos de la serpiente caerán en este lazo y serán afligidos por esta peste destructora, los que pongan su confianza en Dios estarán a salvo. Según los versículos 5 y 6, Dios nos protegerá del terror, de la flecha, de la pestilencia y la destrucción que experimentarán los malvados. Cuando llegamos a los versículos 9 y 10, vemos que el mal caerá y la plaga arrasará con todos aquellos que hayan hecho su hogar con el maligno, pero todos los que hayan habitado con el Señor, encontrarán refugio en Él.

La promesa en los versículos 12 y 13 es que los ángeles evitarán que tu pie no tropiece con piedra y no se lastime tu talón. Es más, promete que «Aplastarás [...] a la víbora» (NVI). Como conocemos la historia de la simiente, aquí empezamos a hacer la conexión. No habrá daño en nuestro talón en aquel día, porque Cristo habrá llevado todo ese daño sobre Él mismo en la cruz. Él ya sufrió la peste destructora. Ya fue traspasado por las flechas del juicio. Experimentó una destrucción absoluta al mediodía. Aunque era perfectamente bueno, Dios permitió que toda nuestra maldad cayera sobre Él. En la cruz, vemos que Jesús experimentó la recompensa que las personas malas como tú y yo merecemos realmente.

Según los versículos 14-16, todos los que se aferran a Cristo en amor serán librados, protegidos, rescatados, honrados, satisfechos y salvos. Pero esto solo es posible gracias a que Cristo no fue librado; no fue rescatado. Jesús no fue protegido, para que tú y yo pudiéramos ser protegidos para siempre.

Así que ahora, cuando leo el Salmo 91, en vez de sentir algún resentimiento porque de alguna manera Dios no me protegió o no protegió a mi familia, puedo ver que Cristo proveyó la protección suprema. Estoy refugiada en la sombra del Altísimo, y nada puede dañarme. Todo lo que se promete en el Salmo 91 será mío el día que llegue el juicio. Cuando clame a Él, me responderá. Estará conmigo en las tribulaciones. Me rescatará. Me saciará de larga vida, y me mostrará Su salvación.

Y ahora puedo ver que Dios, en realidad, no dejó de proteger a mis hijos, Hope y Gabriel, como había prometido. Nunca prometió que no enfrentarían peligro o muerte en esta vida. Pero sí prometió reunir a los suyos hacia sí, donde los protegerá del daño supremo y eterno.

Hope y Gabe están experimentando ahora esta satisfacción y salvación de una manera más vívida que yo. Están protegidos. Están a salvo. Y puedo descansar en ello. Encuentro paz en ello. Y puedo esperar que todas las promesas de protección de Dios se cumplan el día que Él regrese y nos llame a mí, a Hope, a Gabe y a todos los que son suyos a vivir.[5]

A medida que la realidad de la historia de la simiente de la mujer y de los hijos de la serpiente penetre en nuestra manera de pensar y nuestros sentimientos, tendrá el poder de llenarnos de valor para enfrentar lo peor que el mundo tenga para arrojarnos. Empezamos a ver que, aunque podamos perder nuestra vida, no pereceremos; es más, es imposible que lo hagamos.

Amigo, tienes un enemigo. Está en contra de ti. Pero Dios está a tu favor, y nada puede separarte de Él. Si estás en Cristo, estás completamente seguro. Cualquiera que crea en Él, *no perecerá*. ¿Acaso eso significa que nunca sufrirás en esta vida? ¿Significa que no enfrentarás la muerte? No. Significa que, incluso aunque mueras, no perecerás eternamente. Significa que, incluso si los terroristas vienen por ti, o si algún régimen político malvado quiere matarte de hambre, o algún interrogador amenaza con torturarte, no pueden destruirte. Significa que, aunque Satanás vaya a ganar una o dos batallas en tu vida, no puede y no podrá ganar la batalla por tu alma. No puede quedarse contigo eternamente.

Llegará el día en que la victoria de Jesús sobre Satanás se transformará en la victoria compartida de todos los que se unan a Él. Hasta entonces, nos aferramos a la promesa: «Y el Dios de paz aplastará en breve a Satanás bajo vuestros pies» (Rom. 16:20). Hasta entonces, decimos: «Ven pronto, Señor Jesús. Ven y destruye a la serpiente para siempre. Ven a reunir a tu pueblo y llevarnos a un lugar seguro eternamente, a un hogar aún mejor que el Edén». Hasta entonces, cantamos:

Castillo fuerte es nuestro Dios;
Defensa y buen escudo.
Con su poder nos librará
En todo trance agudo.

Con furia y con afán
Acósanos Satán:
Por armas deja ver
Astucia y gran poder;
Cual él no hay en la tierra.

Nuestro valor es nada aquí,
Con él todo es perdido;
Mas con nosotros luchará
De Dios el escogido.
Es nuestro Rey Jesús,
El que venció en la cruz,
Señor y Salvador,
Y siendo Él solo Dios,
Él triunfa en la batalla.

Y si demonios mil están
Prontos a devorarnos,
No temeremos, porque Dios
Sabrá cómo ampararnos.
¡Que muestre su vigor
Satán, y su furor!
Dañarnos no podrá,
Pues condenado es ya
Por la Palabra Santa.

Esa palabra del Señor,
Que el mundo no apetece,
Por el Espíritu de Dios
Muy firme permanece.
Nos pueden despojar
De bienes, nombre, hogar,
El cuerpo destruir,
Mas siempre ha de existir
De Dios el Reino eterno.[6]

8

La historia de una morada

Cuando conseguí mi primer trabajo en Waco, Texas, decidí que prefería vivir sola en lugar de con compañeras, lo que implicó que tenía que encontrar un lugar muy barato para vivir. Terminé viviendo en un lado de un antiguo dúplex, y le pagaba a la propietaria 75 dólares al mes por el placer de vivir allí. Me encantaba vivir allí sola; al menos, hasta que David y yo nos comprometimos y él se mudó a lo que sería nuestro primer departamento en la calle Alford. Lo llamábamos Aguacatelandia. Esto era 1986, y todo era del color verde aguacate típico de la época; desde la alfombra lanuda hasta la encimera y la lámpara de la entrada. Y nos encantaba. Porque era nuestro hogar. Cuando David se mudó al departamento un par de meses antes de nuestra boda, me costaba muchísimo subirme al auto a la noche y volver a mi pequeño dúplex. Amaba a mi futuro esposo y quería estar en casa, en nuestra casa, juntos.

Desde Aguacatelandia, hemos vivido en varios lugares. Y hoy, mientras escribo, hay un cartel de «Se vende» en el patio delantero. Hace más de 20 años que vivimos en nuestra casa actual y tuvimos toda clase de experiencia entre sus paredes. Sin embargo, la empresa en crecimiento de David requiere más espacio en estos días,[1] así que nos mudamos a una casa cercana que se adaptará mejor a nuestra vida y trabajo. Es interesante que ahora tenemos gustos mucho más específicos en cuanto a las alfombras, las lámparas y las encimeras, treinta años después de que Aguacatelandia nos hizo tan felices. En realidad, sabemos que lo mismo que nos hizo felices en la calle Alford nos hará felices en esta: estar en casa, en nuestra casa, juntos.

Este deseo que todos tenemos de estar en casa con aquellos que amamos seguramente es un aspecto de ser hechos a imagen de Dios, porque la historia de la Biblia nos muestra cómo Dios lleva a cabo Su plan de estar en casa con Su pueblo. La gran pasión del corazón de Dios, según se revela desde Génesis hasta Apocalipsis, es estar en casa con Su pueblo en un lugar donde nada pueda separarnos, alienarnos o contaminarnos, disfrutando de una relación cara a cara de puro gozo y sin despedidas. Es más, una de las cosas más increíbles de la historia que leemos en la Biblia es que se trata mucho más del deseo de Dios de habitar con Su pueblo que del deseo de Su pueblo de habitar con Él. ¿No tendría que ser al revés? ¿No deberíamos ser nosotros los que tengamos un deseo desesperado de vivir en Su presencia?

Sí, muchos de nosotros anhelamos ser aliviados de vivir en un mundo enfermo por el pecado. Pero no estoy segura de que sea lo mismo que anhelar estar en casa con Dios. Muchos de nosotros deberíamos admitir que nuestra relación con Dios no es tan apasionada como quisiéramos, y nuestro deseo de estar con Él no es tan fuerte como debería ser. A veces, nos encontramos con que queremos mantener a Dios a una distancia prudente. Preferimos que se instale en nuestra casa para huéspedes en el fondo, de manera que esté cerca cuando lo necesitamos, pero no queremos que esté tan cerca como para meterse en nuestros asuntos. Felizmente, la Biblia revela con claridad que las intenciones de Dios no cambian ante una falta de pasión por parte de Su pueblo. La historia de la humanidad muestra la intención constante de Dios de hacer Su hogar con nosotros, a pesar de nuestras inclinaciones fluctuantes de encontrar un hogar en Él.

En casa, con Su pueblo, en el Edén

«En el principio creó Dios los cielos y la tierra», como un santuario lleno de cosas buenas, donde quería habitar con Su pueblo.[2] Dios llenó Su hogar de plantas coloridas y exuberantes, lo decoró con arroyos susurrantes y lo bañó de una luz radiante que brilla desde un cielo azul. (Tal vez incluso había un par de árboles de aguacate aquí y allá). Su intención era que el jardín se extendiera, para que toda la tierra se transformara en un hogar que Él compartiera con los que portaban Su imagen. Pero entonces, Adán y Eva, en efecto, tendieron el tapete de bienvenida para un invasor, la serpiente, y permitieron que se sintiera como en su casa en la casa de Dios.

En Génesis 3:8 leemos que Adán y Eva «oyeron la voz de Jehová Dios que se paseaba en el huerto, al aire del día». Tal vez parezca que Dios estaba dando Su paseo vespertino por el jardín cuando se sorprendió al encontrar la rebelión que se había desarrollado en Su ausencia. Pero eso no fue lo que sucedió. Quizás tu Biblia ofrezca una traducción alternativa para «al aire del día», porque las palabras hebreas también podrían traducirse «en el viento» o «en el espíritu» del día. Así que tal vez deberíamos entender que Adán y Eva habían escuchado a Dios venir en el espíritu de «el día», o en el espíritu del día del juicio.[3] A lo largo de toda la Biblia, leemos sobre «el día» o «el día del Señor», cuando Dios vendrá con juicio y salvación. Claramente, este día en el Edén fue el primero de uno de esos días. Era el día del juicio, lo que para Adán y Eva también significaba el día del desalojo. Ya no podían vivir en el santuario santo de Edén, en la presencia de un Dios santo, porque se habían transformado en personas impías.

Sin embargo, la intención de Dios de habitar con un pueblo santo en una tierra santa no se vio alterada por el pecado humano. En cambio, Dios empezó a llevar a cabo Su plan para que los pecadores pudieran ser limpios y santificados para vivir en Su presencia. Dios le dijo a Abraham que dejara su hogar y su familia para ir a hacer un nuevo hogar en una nueva tierra (Gén. 12:3). «Y [Abraham] edificó allí un altar a Jehová, quien le había aparecido. Luego se pasó de allí a un monte al oriente de Bet-el, y plantó su tienda» (Gén. 12:7-8). Abraham edificó un altar, un mini santuario, en este lugar donde Dios se le había aparecido en Bet-el, un nombre que significa «casa de Dios». La Biblia está desarrollando un patrón que conecta la presencia de Dios con el fuego y el sacrificio y el hogar.

Más adelante, Dios vuelve a aparecerse a Abraham y a hacer un pacto «para ser tu Dios, y el de tu descendencia después de ti. Y te daré a ti, y a tu descendencia después de ti, la tierra en que moras, toda la tierra de Canaán en heredad perpetua; y seré el Dios de ellos» (Gén. 17:7-8). Dios estaba diciendo: *Estaremos unidos para siempre a través de un pacto eterno. Y en el centro de este pacto está la relación. Yo seré tu Dios.* ¿Escuchas la intimidad? Dios no solo está diciendo que será Dios para el mundo de manera general, aunque es Dios para todo el mundo. Está hablando en forma personal. *Seré Dios para ti, y te proveeré un hogar donde podamos desarrollar juntos esta relación.*

Dios reiteró esta promesa al hijo de Abraham, Isaac, cuando se le apareció, diciendo: «Yo soy el Dios de Abraham tu padre; no temas, porque yo estoy contigo, y te bendeciré, y multiplicaré tu descendencia por amor de Abraham mi siervo. Y edificó allí un altar, e invocó el nombre de Jehová, y plantó allí su tienda; y abrieron allí los siervos de Isaac un pozo» (Gén. 26:24-25). Isaac quería vivir lo más cerca posible de donde Dios lo había visitado. Así que plantó ahí su tienda. Una generación más tarde, Jacob, el hijo de Isaac, también edificó un altar, estableciendo un mini santuario en el mismo lugar donde su abuelo Abraham había experimentado la presencia de Dios en la tierra (Gén. 35:3).

Sin embargo, una generación más tarde, los hijos de Jacob se encontraron en Egipto, lejos del hogar que Dios les había prometido a Abraham, Isaac y Jacob. Dios envió a Su pueblo un libertador para sacarlos de Egipto y guiarlos al hogar que deseaba compartir con ellos. Vino a guiarlos y protegerlos con una columna de nube de día y un pilar de fuego a la noche. Cuando se preguntaban si le interesaban a Dios, podían mirar al cielo y ver Su presencia en la columna de nube y fuego. Dios los guio a salvo a través del Mar Rojo hasta el pie del Monte Sinaí, e invitó a Moisés a subir a la montaña para encontrarse con Él. Allí en la montaña, Dios le dio a Moisés el plano para un hogar, una tienda, a la cual quería descender y habitar en medio del pueblo. Aunque, en el pasado, se les había aparecido a Abraham, a Isaac, a Jacob y a Moisés de vez en cuando, ahora quería mudarse al vecindario. Deseaba una presencia más permanente entre Su pueblo. Quería estar en el centro de su campamento y, en forma más significativa, en el centro de sus vidas.

En casa, entre Su pueblo, en el desierto

Dios le dijo a Moisés: «Harán un santuario para mí, y habitaré en medio de ellos. Conforme a todo lo que yo te muestre, el diseño del tabernáculo, y el diseño de todos sus utensilios, así lo haréis» (Ex. 25:8-9). Como los israelitas estaban viviendo en tiendas en el desierto, y Yahvéh deseaba habitar en medio de Su pueblo, también quería vivir en una tienda. Esta tienda, o tabernáculo, debía construirse según especificaciones detalladas que Dios proveyó. El escritor de Hebreos dice que el tabernáculo, y más adelante, el templo, eran «figura del verdadero» (Heb. 9:24) y «la sombra de los bienes venideros» (Heb. 10:1). Esta tienda debía servir como recordatorio o réplica del hogar que Dios había compartido alguna vez con Su pueblo en el Edén. Al mismo tiempo, proporcionaba un anticipo del hogar que Dios quiere compartir con Su pueblo en el cielo nuevo y la tierra nueva, y la manera en que posibilitaría vivir en Su presencia. En los detalles del diseño del tabernáculo, vemos un reflejo del paraíso del Edén, así como un modelo arquitectónico del Edén 2.0.

Así como la creación original tenía tres partes —el Edén, donde se experimentaba la presencia de Dios; un jardín más grande adyacente al Edén, regado por los ríos que fluían desde Edén (Gén. 2:10); y una tierra sin explotar que Adán, Eva y sus hijos debían habitar con el tiempo—, el tabernáculo también estaba dividido en tres partes principales. Había una habitación interior, llamada el «lugar santísimo», donde habitaría Dios. Al lado, había otra habitación, llamada el «lugar santo», donde servían los sacerdotes. Este lugar estaba rodeado por un patio donde los israelitas podían reunirse a ofrecer sacrificios.[4]

El lugar santísimo, la habitación donde Dios moraría en la tierra, estaba diseñado como una estación del cielo. El salmista lo expresa de esta manera: «Edificó su santuario a manera de eminencia, como la tierra que cimentó para siempre» (Sal. 78:69). Los colores utilizados reflejan el azul del cielo y la realeza del gran Rey que habitaba allí. El revestimiento de oro puro que estaba por todas partes reflejaba la gloria de Dios que resplandece sobre cada rincón del cielo. El centro de la habitación —el arca del pacto— reflejaba el corazón del mismo Dios. El arca contenía las tablillas de piedra con los Diez Mandamientos grabados, mandamientos que reflejaban Su carácter. El arca del pacto estaba cubierta por el propiciatorio, que demostraba la provisión de Dios para los pecadores: misericordia y expiación. Una vez al año, el sumo sacerdote atravesaba la cortina gruesa que separaba este cuarto, el lugar santísimo, del lugar santo, y salpicaba sangre de un sacrificio animal sobre el propiciatorio. De esta manera, Dios vería la sangre del sacrificio expiatorio y quedaría satisfecho (Ex. 25:10-22).

En el cuarto más externo, el lugar santo, habría una mesa donde se colocaría el pan de la proposición, un candelero para dar luz y un altar sobre el que un sacerdote quemaría incienso por la mañana y la noche (Ex. 25:23-40; 30:1-10). En el atrio que rodeaba la tienda estaría el altar de bronce, sobre el que los sacerdotes ofrecerían sacrificios, y una fuente de bronce usada por los sacerdotes para la limpieza ceremonial (Ex. 27:1, 30:18).

Las piedras de bedelio y ónice utilizadas en el diseño del tabernáculo eran las mismas piedras preciosas que se encontraban en el Edén (Gén. 2:12). El candelero estaba diseñado para parecerse a un árbol en flor, similar al árbol de la vida del Edén. La imagen de dos querubines estaba entretejida en la cortina, como si protegiera el trono de Dios, tal como dos querubines protegían la entrada al Edén. Pero lo más significativo era que, así como Dios se había encontrado con Su pueblo en el Edén, Dios ahora prometía: «Y habitaré entre los hijos de Israel, y seré su Dios. Y conocerán que yo soy Jehová su Dios, que los saqué de la tierra de Egipto, para habitar en medio de ellos. Yo Jehová su Dios» (Ex. 29:45-46).

Se esperaba que una vida literalmente construida alrededor del tabernáculo llevara al pueblo a permanecer a la expectativa del día en que Dios viviera entre ellos, no oculto en una tienda y tan solo accesible una vez al año para el sumo sacerdote, sino de manera más cercana e íntima. Se esperaba que el sacrificio constante de becerros, cabras y corderos les inculcara un anhelo del sacrificio de Dios de una vez y para siempre que sería tan valioso, tan perfecto y tan plenamente aceptable que el sacrificio animal ya no sería necesario. Se esperaba que el acceso limitado a Su presencia en el tabernáculo los llenara de un anhelo del día en que podrían acercarse confiadamente al trono de la gracia, para alcanzar misericordia y hallar gracia para el oportuno socorro (Heb. 4:16).

Cuando la obra del tabernáculo se completó según los planos que Dios proporcionó, «una nube cubrió el tabernáculo de reunión, y la gloria de Jehová llenó el tabernáculo» (Ex. 40:34). Pudieron ver en forma tangible la presencia de Dios en la nube intensa que bajó sobre el tabernáculo. Sin embargo, el pueblo de Dios debía guardar distancia. Estaban confinados al atrio externo, excluidos del tabernáculo en sí, al cual solo podían entrar los sacerdotes. Dios estaba entre Su pueblo, pero fuera del alcance de los creyentes comunes y corrientes.

Permaneció entre Su pueblo en el tabernáculo durante los 40 años en que ellos hicieron su hogar en un lugar sumamente inhóspito, el desierto. Y cuando llegó el día en que por fin podrían pasar a su hogar más permanente en Canaán, Moisés les dijo que estuvieran atentos al lugar donde Dios podría hacer un hogar más permanente entre ellos allí. Les anunció: «Sino que el lugar que Jehová vuestro Dios escogiere de entre todas vuestras tribus, para poner allí su nombre para su habitación, ése buscaréis» (Deut. 12:5).

En casa, entre Su pueblo, en el templo

Quinientos años más tarde, el rey David por fin vio el lugar. El Señor le instruyó que edificara un altar en la era de Ornán jebuseo. Cuando presentó allí los holocaustos y las ofrendas de paz, el Señor le respondió con fuego del cielo (1 Crón. 21). David había experimentado la presencia del Señor con él desde que era pequeño y cuidaba las ovejas de su padre, pero no de esta manera; no en forma visible como fuego. Experimentar la presencia de Dios de esta manera lo convenció de que este era el lugar donde construir una casa para Dios (1 Crón. 22:1).

David se había edificado un hermoso palacio en Jerusalén, y para él no tenía sentido que el gran Rey, del cual él era apenas un vicerregente, viviera en una tienda, el tabernáculo que le habían construido 500 años atrás. Entonces, David determinó que edificaría una casa para Dios. Sin duda, sus motivaciones eran buenas, pero se estaba adelantando. A través del profeta Natán, Dios le comunicó:

> Porque no he habitado en casa alguna desde el día que saqué a los hijos de Israel hasta hoy; antes estuve de tienda en tienda, y de tabernáculo en tabernáculo. Por dondequiera que anduve con todo Israel, ¿hablé una palabra a alguno de los jueces de Israel, a los cuales mandé que apacentasen a mi pueblo, para decirles: ¿Por qué no me edificáis una casa de cedro? (1 Crón. 17:5-6)

Mientras Su pueblo vagaba, lo que había hecho muchos años en el desierto y todavía estaba haciendo mientras tomaba posesión de la tierra en Israel, Dios quiso vagar con ellos. Hasta que todos sus enemigos hubieran sido vencidos y el pueblo se hubiera establecido y estuviera a salvo, Dios no estaría listo para mudarse de la tienda itinerante a un hogar permanente. David debía seguir sometiendo a los enemigos de Israel, mientras que sería la responsabilidad de su hijo Salomón edificar el templo.

Sin embargo, David empezó a reunir los materiales necesarios para la edificación del templo. Organizó a los levitas, los sacerdotes, los músicos, los porteros, los tesoreros y otros funcionarios. (Cuando ves cuántos capítulos de la Biblia se dedican a la edificación del tabernáculo y del templo y a dotarlos de personal y suministros, ¿no percibes que el lugar donde Dios quería habitar entre Su pueblo era de gran importancia para Él?). «Y David dio a Salomón su hijo el plano del pórtico del templo y sus casas, sus tesorerías, sus aposentos, sus cámaras y la casa del propiciatorio. Asimismo el plano de todas las cosas que tenía en mente para los atrios de la casa de Jehová» (1 Crón. 28:11-12). David explicó: «Todas estas cosas [...] me fueron trazadas por la mano de Jehová, que me hizo entender todas las obras del diseño» (1 Crón. 28:19). Tal como Moisés había recibido los planos o el patrón para el tabernáculo de parte de Dios, David también recibió los planos para el templo, el cual tenía las mismas habitaciones, forma y muebles que el tabernáculo, como revelación de Dios.

En 2 Crónicas 3:1, leemos: «Comenzó Salomón a edificar la casa de Jehová en Jerusalén, en el monte Moriah, que había sido mostrado a David su padre, en el lugar que David había preparado en la era de Ornán jebuseo». La era que David compró para construir el templo estaba en el Monte Moriah, donde Dios había bajado a encontrarse con Abraham y había provisto un carnero para el sacrificio en lugar del hijo de Abraham. Este era el lugar donde Dios descendió en fuego y aceptó el sacrificio de David. Cuando se construyó el templo, este se transformó en el lugar al que Dios descendió a aceptar los sacrificios de Su pueblo de una manera mucho más grande y constante. Fue algo completamente distinto a cualquier otro proyecto o proceso de construcción en la historia de la edificación. Todas las piedras se preparaban en la cantera, de manera que «ni martillos ni hachas se oyeron en la casa, ni ningún otro instrumento de hierro» (1 Rey. 6:7). Esta casa santa se edificó en medio de un silencio santo en el transcurso de siete años.

Cuando los israelitas entraban al templo, los remontaba a otro tiempo, a la belleza de la casa que Dios había edificado hacía tanto tiempo, a la primera estación del cielo, el jardín del Edén. El templo en Jerusalén tenía calabazas y flores abiertas talladas en las paredes de cedro; granadas talladas en los enrejados; dos querubines hechos de madera con alas extendidas que parecían proteger el lugar santísimo; una fuente hecha en forma de lirio; candeleros que simulaban árboles con ramas; y el velo tejido con telas azules, púrpuras y carmesí; todo revestido de oro reluciente. Pero también señalaba hacia delante, a algo que Dios haría en el futuro, para permitir que Su pueblo volviera a estar con Él en casa, un día en el cual el cielo descendería a la tierra, de manera que la tierra se transformara en el cielo.[5]

Cuando se completó la obra, el pueblo se reunió para la dedicación, y el arca del pacto se colocó en su lugar en el santuario interior del templo. «Y cuando los sacerdotes salieron del santuario, la nube llenó la casa de Jehová. Y los sacerdotes no pudieron permanecer para ministrar por causa de la nube; porque la gloria de Jehová había llenado la casa de Jehová» (1 Rey. 8:10-11). Salomón le dijo a Dios: «Yo he edificado casa por morada para ti, sitio en que tú habites para siempre» (v. 13). Anhelaba que el templo fuera el lugar en la tierra donde se encontrara la presencia de Dios. «Esté con nosotros Jehová nuestro Dios, como estuvo con nuestros padres», oró (1 Rey. 8:57).

Y Dios respondió a esa oración. El Señor estaba con Su pueblo en el lugar santísimo del templo. Pero, con el tiempo, el pueblo empezó a dar por sentada Su presencia. El reino se dividió, y el reino del norte construyó su propio «templo» en Samaria. Los reyes de Judá iban y venían respecto a la reverencia al templo. Las cosas dieron un giro para peor cuando el rey Manasés edificó altares a dioses paganos, no solo en las colinas que rodeaban la ciudad, ¡sino en el mismísimo templo! (2 Rey. 21:4-6). Cuando consideramos todo lo que Dios hizo para garantizar la santidad y la pureza de Su morada, esto debería hacernos sentir un poco enfermos. Y después, cuando pensamos que las cosas no podrían ponerse peores, leemos que en 597 a.C., cuando Nabucodonosor de Babilonia capturó Jerusalén, «el rey de Babilonia [...] sacó de allí todos los tesoros de la casa de Jehová, y los tesoros de la casa real, y rompió en pedazos todos los utensilios de oro [...] en la casa de Jehová» (2 Rey. 24:12-13). Todos los objetos hermosos de la morada del único Dios verdadero fueron rotos en pedazos y llevados para usarse en los templos de los dioses falsos de Nabucodonosor (ver Esd. 1:7).

El profeta Ezequiel ya estaba exiliado en Babilonia cuando le llegó la noticia de la destrucción del templo. Era un hombre que amaba la casa de Dios y había querido pasar su vida trabajando allí como sacerdote, así que esta noticia fue devastadora. En una visión, observó lo siguiente: «La gloria de Jehová se elevó de encima del querubín al umbral de la puerta; y la casa fue llena de la nube, y el atrio se llenó del resplandor de la gloria de Jehová» (Ezeq. 10:4). Cuando estamos en nuestra casa y caminamos hacia el umbral de la puerta, ¿qué estamos haciendo? Nos estamos yendo. Ezequiel vio cómo la gloria de Dios se movía hacia la puerta para abandonar el templo que amaba.[6]Pero después, en su visión, vio que la gloria de Dios se movía hacia el este, ¡en dirección a los exiliados en Babilonia! El Dios que ama habitar con Su pueblo se estaba moviendo hacia donde se encontraba el pueblo, diciendo: «Les seré por un pequeño santuario» (ver Ezeq. 11:16). El verdadero santuario de Dios, el lugar donde Su pueblo (incluidos tú y yo) encuentra su hogar, no es donde está el edificio, sino donde está Dios. Sin duda, a esto se refería Moisés en el Salmo 90:1, cuando declaró: «Señor, *tú* nos has sido refugio de generación en generación». A través de esta historia de la Biblia, estamos empezando a entender que nuestro anhelo del hogar no es un anhelo de un lugar sino de una persona.

Más adelante, Ezequiel recibió la visión de un futuro templo. Es interesante las medidas que recibió Ezequiel para el templo. Claramente, este templo tendrá una escala mucho más grande que el templo anterior de Jerusalén. En su visión, vio la gloria tangible y visible de Dios que llegaba desde el Este, desde donde estaban los exiliados en Babilonia, para habitar en este nuevo templo. El altar, los sacerdotes, las fiestas y festivales, y las ofrendas y sacrificios de su visión de este nuevo templo parecen similares a los del anterior, pero hay diferencias drásticas que nos hacen pensar que Ezequiel no está viendo un templo arquitectónico en la ciudad histórica de Jerusalén, sino más bien un templo espiritual que definirá la Nueva Jerusalén. Ezequiel describe agua que fluye de este templo. Todos los lugares donde fluye el río reviven. Ezequiel ve cómo transforma el mundo, a medida que la bendición de Dios se derrama desde este nuevo templo hasta los confines de la tierra. A la orilla del río, hay árboles. Ezequiel escribe: «Sus hojas nunca caerán, ni faltará su fruto. A su tiempo madurará, porque sus aguas salen del santuario; y su fruto será para comer, y su hoja para medicina» (Ezeq. 47:12). Y vemos algo que nos resulta conocido mientras leemos. Parece el jardín del Edén otra vez, excepto que mejor. Ezequiel parece estar describiendo el agua viva del evangelio que fluye desde Jerusalén hacia todas las naciones. Parece aquello sobre lo cual leemos en Apocalipsis 21 y 22, el nuevo templo de la ciudad-jardín, y nos damos cuenta de que el templo que Ezequiel vio en su visión no es otro sino el cielo nuevo y la tierra nueva.

Cuando el pueblo de Dios pudo volver a Jerusalén bajo el liderazgo de Esdras y Nehemías, empezaron a reconstruir el templo, pero se distrajeron. Dios les habló a través del profeta Hageo, animándolos a continuar con la tarea. Les prometió mediante Hageo: «Haré temblar a todas las naciones, y vendrá el Deseado de todas las naciones; y llenaré de gloria esta casa [...]. La gloria postrera de esta casa será mayor que la primera, ha dicho Jehová de los ejércitos; y daré paz en este lugar, dice Jehová de los ejércitos» (Hag. 2:7-9).

Más adelante, Dios habló mediante el profeta Malaquías y prometió: «Y vendrá de repente a su templo el Señor a quien vosotros buscáis; y el mensajero del pacto en quien vosotros os complacéis, he aquí, viene —dice el Señor de los ejércitos» (Mal. 3:1, LBLA). Sin embargo, no había ninguna señal de que el Señor viniera a reconstruir el templo. No había ninguna nube, ningún fuego, ninguna aparición de la presencia de Dios. Unos 200 años más tarde, uno de los sucesores de Alejandro Magno decidió abolir la adoración ancestral de los judíos, y durante tres años, el templo de Jerusalén fue entregado a la adoración de una divinidad griega, a la que los judíos llamaban «la abominación desoladora». Después, en 19 a.C., Herodes, un gobernador de Israel designado por Roma, se propuso reconstruir el templo deteriorado.

En casa, entre Su pueblo, en Jerusalén

Al templo de Herodes fue donde María y José llevaron a su hijo de ocho días de edad. El Señor al cual el pueblo de Dios había esperado tanto tiempo de repente fue a este templo. Simeón, un hombre que se había pasado la vida esperando que el Señor viniera al templo, vio al bebé y lo reconoció aquel día (Luc. 2:25-33). Doce años más tarde, Jesús viajó a Jerusalén con sus padres y se quedó en el templo. Sus aterrados padres lo encontraron sentado entre los maestros, escuchando y haciendo preguntas. Parecía estar perfectamente a gusto, y les preguntó a sus padres: «¿Por qué me buscabais? ¿No sabíais que en los negocios de mi Padre me es necesario estar?» (Luc. 2:49).

Emanuel, Dios con nosotros, había venido a habitar entre Su pueblo. En Juan, leemos: «Y aquel Verbo fue hecho carne, y habitó entre nosotros (y vimos su gloria [...])» (Juan 1:14). Una vez más, la gloria de Dios había descendido a habitar (o, como dice el griego original de Juan, a «tabernacular») entre Su pueblo. Esta vez, no vino en la forma de una nube y de fuego, sino de carne y sangre.

Jesús enseñaba en el templo, sanaba en el templo y sacó a los cambistas del templo. Cuando los judíos cuestionaron Su autoridad para hacerlo, les dijo: «Destruid este templo, y en tres días lo levantaré» (Juan 2:19). Eso era confuso para cualquiera que lo escuchara, ya que a sus 10 000 obreros les había llevado 46 años reconstruirlo. Juan explica lo que quiso decir Jesús: «Mas él hablaba del templo de su cuerpo. Por tanto, cuando resucitó de entre los muertos, sus discípulos se acordaron que había dicho esto; y creyeron la Escritura y la palabra que Jesús había dicho» (Juan 2:21-22). Recién después de la resurrección de Jesús, pudieron ver que el edificio que habían buscado como hogar a través de los siglos había sido apenas una sombra de su verdadero hogar, el templo real, la persona de Jesucristo.

Sin embargo, no todos lo veían tan claramente. En vez de celebrar que la gloria de Dios había venido en la persona de Jesús, los gobernantes del templo conspiraron para crucificar al Señor de la gloria (1 Cor. 7:8). Pero la crucifixión de Jesús no fue meramente el resultado de un complot humano contra Él; en un sentido más profundo, fue el resultado de un pacto eterno y divino de redención hecho entre el Padre y el Hijo. En la cruz, el celo por la casa de Su Padre —por el plan del Padre de hacer Su hogar con pecadores redimidos como tú y yo— lo consumió, lo aplastó y lo mató. En la cruz, el verdadero templo fue destruido, mientras el gran Sumo Sacerdote ofrecía el sacrificio perfecto. Y en apenas tres días, el verdadero templo fue levantado, para no volver a ser destruido jamás.

Una vez que se ofreció el sacrificio, el velo que había colgado entre el lugar santo y el lugar santísimo en el templo de Jerusalén se rasgó de arriba abajo, una ruptura dramática de la barrera entre Dios y Su pueblo, lo que abrió un camino nuevo para que Dios habitara entre Su pueblo (e incluso en nuestro interior).[7] Hacía mucho tiempo que Dios no estaba presente en el lugar santísimo del templo, y al rasgarse el velo, quedó en claro que aquella era y expectativa había llegado a su fin. Una vez que la muerte de Cristo hizo expiación plena y final por el pecado, Dios abrió de par en par las puertas para dar la bienvenida no solo al sumo sacerdote, y no solo a los que habían nacido en la tribu sacerdotal, ni siquiera a los que nacieron en un hogar judío, sino a personas de toda tribu, lengua y nación que quisieran habitar en la presencia de Dios, después de ser hechos santos por la sangre de Cristo.

En casa, en Su pueblo, en la tierra

Antes de la muerte de Jesús, los discípulos se habían sentido perturbados cuando Él empezó a hablarles de Su partida. Pero Jesús les dijo que en realidad sería *mejor* para ellos que Él se fuera, porque entonces la presencia de Dios habitaría no solo *entre* ellos, sino *en* ellos. Imagina lo que habrá sido para estos discípulos, cuyas vidas enteras giraban alrededor del templo, que les dijeran que ya no necesitarían anhelar que la presencia visible de Dios descendiera una vez más sobre el templo en Jerusalén. En cambio, Dios descendería sobre ellos en forma individual y colectiva, y permanecería allí mientras ellos vivieran.

Eso fue exactamente lo que sucedió el día de Pentecostés. Unas 120 personas que habían puesto su fe en Cristo estaban reunidas cuando creyeron escuchar el sonido del viento que soplaba. En realidad, era Dios que respiraba sobre ellos. Después, vieron fuego, lo que reconocieron como un símbolo de la presencia de Dios, pero este fuego no descansó sobre un arbusto, una montaña o una tienda, como en la época de Moisés, ni sobre el templo, como en la época de Salomón. Este fuego vino a descansar sobre las personas. Dios estaba demostrando de una manera visual la realidad de Su presencia que venía a habitar *en* ellos. Estaban empezando a entender que se habían transformado en templos vivos, que respiraban, caminaban y hablaban, en los cuales Dios habitaba mediante Su Espíritu.

Si te has unido a Cristo por la fe, también eres parte de un templo vivo, que respira, camina y habla, en el cual Dios habita mediante Su Espíritu. Pedro escribe que somos piedras vivas que están siendo edificadas como casa espiritual (1 Ped. 2:5). Y Pablo escribe que estamos siendo «edificados para morada de Dios en el Espíritu» (Ef. 2:22). Por cierto, Dios está llevando a cabo Su plan de habitar con Su pueblo.

Agua viva está fluyendo desde el templo, a medida que el evangelio es proclamado y abrazado, y que las vidas son sanadas y hechas plenas, tal como Ezequiel vio en su visión del nuevo templo. Incluso ahora Dios está edificando Su templo, la Iglesia, no con piedra caliza labrada en las canteras de Oriente Medio, sino con piedras vivas, las vidas de creyentes comunes como tú y yo.

Aun mientras Dios habita en nosotros por Su Espíritu, seguimos anhelando el día en que nos relacionaremos con Él cara a cara. «Ahora [...] conozco en parte; pero entonces conoceré como fui conocido» (1 Cor. 13:12). A veces, la soledad y la dificultad de la vida en este mundo son abrumadoras, y lo único que queremos es irnos a casa. Preferiríamos estar ausentes del cuerpo y en casa con el Señor (2 Cor. 5:8). Estamos buscando una patria (Heb. 11:14). Hemos escuchado la promesa: «Voy, pues, a preparar lugar para vosotros. Y si me fuere y os preparare lugar, vendré otra vez, y os tomaré a mí mismo, para que donde yo estoy, vosotros también estéis» (Juan 14:2-3). Y estamos listos.

Sin embargo, también debemos admitir que hay momentos en que nuestro corazón no está puesto en aquel hogar. A veces, estamos tan atados a este mundo, tan prendados con este mundo, tan dedicados a él, que la promesa de estar en casa con Dios nos hace bostezar.

La buena noticia del evangelio es que Jesús mostró el verdadero celo por la casa de Dios que a menudo nos falta. Su celo nos fue acreditado a nuestra cuenta espiritual. En la cruz, Jesús cargó sobre sí el castigo que merecemos por nuestra concentración egoísta en nuestras propias casas —en edificarlas, decorarlas, amoblarlas, limpiarlas y vivir en ellas—, mientras que mostramos una pasión insignificante por la casa del Padre. La buena noticia del evangelio es que Dios será fiel a Su compromiso de venir y habitar con nosotros, Su pueblo, aunque nuestro deseo de habitar con Él a veces fluctúe o se desvanezca.

Llegará el día en que escuchemos una voz fuerte desde el trono que diga: «He aquí el tabernáculo de Dios con los hombres, y él morará con ellos; y ellos serán su pueblo, y Dios mismo estará con ellos como su Dios» (Apoc. 21:3). Por fin estaremos en casa, juntos; ya no nos relacionaremos con Dios a la distancia , ya no estaremos distanciados de Él por nuestro pecado. Sentiremos y conoceremos la cercanía de Dios como nunca antes. No habrá posibilidad de que nos desalojen. Viviremos con Aquel que nos conoce de manera íntima y nos ama a la perfección. Su deseo de habitar con nosotros habrá sido satisfecho, y todo lo que nos falta en nuestro deseo de habitar con Él habrá sido provisto. Nuestro corazón habrá alcanzado al de Él, de manera que nos sentiremos plenamente en casa en Su presencia.

Hasta entonces, seguimos intentando apuntar nuestro corazón a casa, al usar las palabras divinamente proporcionadas por Dios en los salmos. Cuando nos vemos tentados a pensar en que los placeres de este mundo nos satisfarán, decimos:

> Me mostrarás la senda de la vida; en tu presencia hay plenitud de gozo; delicias a tu diestra para siempre. (Sal. 16:11).

Cuando la culpa por nuestro pecado nos pesa tanto que empezamos a preguntarnos si habrá un lugar para nosotros en el hogar que Dios está preparando, decimos:

> Ciertamente el bien y la misericordia me seguirán todos los días de mi vida, y en la casa de Jehová moraré por largos días. (Sal. 23:6)

Cuando nos encontramos buscando cosas que nos dejan vacíos, disciplinamos nuestros deseos diciendo:

> Una cosa he demandado a Jehová, ésta buscaré; que esté yo en la casa de Jehová todos los días de mi vida, para contemplar la hermosura de Jehová, y para inquirir en su templo. (Sal. 27:4)

Cuando descubrimos que nuestro corazón se ha enfriado con respecto a las cosas de Dios y al lugar donde habitaremos con Él para siempre, avivamos las llamas del anhelo de nuestro corazón, diciendo:

> ¡Cuán amables son tus moradas, oh Jehová de los ejércitos! Anhela mi alma y aun ardientemente desea los atrios de Jehová; mi corazón y mi carne cantan al Dios vivo. (Sal. 84:1-2)

Y seguimos cantando sobre el hogar que compartiremos con nuestro Dios para siempre:

> Nuestra esperanza y protección
> Y nuestro eterno hogar
> Has sido, eres y serás
> Tan solo Tú, Señor.
>
> Aún no habías la creación
> Formado con bondad,
> Mas desde la eternidad,
> Tú eras solo Dios.
>
> Delante de Tus ojos son
> Mil años, al pasar,
> Tan solo un día que fugaz
> Fenece con el sol.
>
> El tiempo corre arrollador
> Como impetuoso mar;
> Y así, cual sueño ves pasar
> Cada generación.
>
> Nuestra esperanza y protección
> Y nuestro eterno hogar,
> En la tormenta o en la paz,
> Sé siempre Tú, Señor.[8]

9

La historia de la ciudad

El *Telegraph* de Londres publicó hace poco su lista anual de las mejores ciudades para vivir, junto con las razones por las que cada ciudad es tan habitable.[1] La lista incluye:

- Estocolmo, Suecia, la ciudad capital más limpia, según las estadísticas de contaminación de la Organización Mundial de la Salud.
- Melbourne, Australia, una metrópolis temperamental, compleja y reflexiva, obsesionada con el arte, la comida y el café.
- Berlín, Alemania, donde las fiestas pueden durar días en lugar de horas.
- Ámsterdam, en los Países Bajos, que combina un pasado reluciente con un vanguardismo contemporáneo torcido, duro y rebelde.

- Vancouver, British Columbia, donde todo el mundo es feliz; nada de ventiscas como en Ontario, nada de contaminación como en Los Ángeles, nada de caos como en Hong Kong. Solo montañas, mar, cielos azules y calles amplias.
- Zúrich, Suiza, donde las calles son limpias y los tranvías son puntuales.

El número uno de la lista, el cual describen como el lugar más habitable del mundo, es Viena, Austria. La llaman la ciudad que encanta y seduce desde el principio, pero aún más, cuanto más te quedas, parecería que hay más cosas para hacer y ver.

Estoy segura de que estas ciudades son maravillosas. Me gustaría visitar cada una de ellas. Pero cuando estuve investigando en Internet, descubrí algunas cosas interesantes sobre estas ciudades que este artículo no mencionaba.

Sí, Estocolmo, en Suecia, es una ciudad limpia, pero la cantidad de mujeres suecas que afirman haber sido víctimas de ataques sexuales de alguna clase el último año es cada vez mayor. Sí, Melbourne, en Australia, puede ser una metrópolis reflexiva, pero debido al temor al terrorismo, en especial a ataques con vehículos, se instalaron balizas de cemento en nueve espacios públicos importantes. Sí, Berlín, en Alemania, puede tener fiestas que duran días enteros, pero una afluencia de refugiados de 400 personas al día ha puesto a Berlín al borde de una crisis humanitaria. Sí, Ámsterdam es una ciudad de vanguardia, pero esa modernidad también se manifiesta en la forma de turistas sumamente drogados que caminan junto a vitrina tras vitrina de trabajadores sexuales que ofrecen su cuerpo por dinero. Sí, hay muchas personas felices en Vancouver, British Columbia, pero también hay una falta de viviendas a precios razonables y una investigación sobre corrupción política. Sí, las calles son limpias en Zúrich, pero hace poco, el ministro de defensa anunció que el problema no es si habrá un ataque terrorista en Suiza, sino cuándo. Incluso Viena, con todos sus encantos, tiene un problema de exceso de palomas y carteristas.

Por más hermosas y atractivas, por más culturalmente ricas y económicamente prósperas que sean las ciudades más grandes del mundo, todas tienen una cara oculta desagradable. Cualquiera que esté dispuesto a abrir los ojos a las partes de la ciudad que se evitan en cualquier ciudad no podrá evitar ver las casas de bajo nivel, las prácticas laborales injustas, el desempleo y la intolerancia racial. Cualquiera que haya mirado a los ojos de una madre cuyo hijo fue asesinado por la violencia entre pandillas, o se haya sentado en el tribunal con una víctima de violación, o haya enseñado en un salón de clases donde los niños llegan siempre con hambre, o se haya detenido a conversar con un veterano sin hogar en un comedor caritativo, no necesita que lo convenzan de que ninguna ciudad está a la altura de la forma en como se describe en los folletos turísticos.

Bueno, tal vez eso no sea completamente cierto. Hay una ciudad que está a la altura de todos los superlativos de su descripción, una ciudad que no desilusionará; donde hay justicia perfecta, provisión abundante y seguridad absoluta. La historia de la Biblia es la historia de esta ciudad. En realidad, es la historia de dos ciudades: la ciudad del hombre y la ciudad de Dios. Y lo que más importa de tu historia es en cuál ciudad hiciste tu hogar.

La ciudad de Enoc

No sabemos dónde estaba Edén. Tenemos la sensación de que estaba sobre una montaña, ya que varios ríos fluían del lugar, y el profeta Ezequiel lo describe como el «monte de Dios» (Ezeq. 28:14, 16). Lo que queda claro en el relato de Génesis sobre Edén es que la ciudad del hombre, o al menos su espíritu, invadió el jardín de Dios. La ciudad del hombre es una ciudad de avaricia, y Adán y Eva se volvieron ávidos por obtener más. La ciudad del hombre está marcada por un rechazo de la Palabra de Dios y una negación de la presencia de Dios, y Adán y Eva rechazaron la Palabra de Dios y llegaron a tener terror de Su presencia. La ciudad del hombre hizo una alianza con el dios de este mundo, que fue lo mismo que hicieron Adán y Eva en el jardín. La ciudad del hombre hace la falsa promesa de que los hombres y las mujeres pueden ser como dioses; la misma promesa falsa que le hizo la serpiente a Eva.

Cuando damos vuelta la página desde Génesis 3, donde Adán y Eva fueron expulsados del jardín, leemos en Génesis 4 la historia de cómo Caín asesinó a su hermano, Abel, y se transformó en «errante y extranjero» en la tierra (Gén. 4:12). Caín sintió la vulnerabilidad de estar solo y estaba seguro de que cualquiera que lo encontrara lo mataría. Así que, por gracia, Dios puso una marca sobre Caín, «para que no lo matase cualquiera que le hallara» (v. 15). Por gracia, Dios protegió a Caín a través de esta marca, sea cual fuera. Sin embargo, él no creyó que esa marca lo protegería realmente. No quería tener nada que ver con el Dios que le había dado la marca, así que «salió, pues, Caín de delante de Jehová, y habitó en tierra de Nod, al oriente de Edén. [...] y edificó una ciudad, y llamó el nombre de la ciudad del nombre de su hijo, Enoc» (vv. 16-17).

Caín no confiaba en la seguridad que Dios le había proporcionado, así que decidió crear su propia seguridad, en forma de una ciudad. Llamó a la ciudad Enoc, que significa: «iniciación» o «dedicación». Caín inauguró una ciudad dedicada a sus preferencias, incluida su preferencia de dejar afuera a Dios. No había ningún interés en obedecer los mandamientos de Dios en aquella ciudad, incluso el mandamiento divino de que un hombre se uniera a una mujer para toda la vida, así que no es ninguna sorpresa leer que uno de los descendientes de Caín tomó dos esposas (v. 19). En esta ciudad, se desarrollaba el arte, la cultura y la tecnología, pero también se estaba gestando algo podrido. Génesis registra que uno de los habitantes de la ciudad, Lamec, les dijo a sus esposas: «Maté a un hombre por haberme herido» (v. 23, NVI). Si no le caías bien a este hombre, te mataba. Evidentemente, no había seguridad duradera en esta ciudad de una violencia cada vez mayor.

En Génesis 4, la ciudad espiritual del hombre toma la forma de una ciudad física. Pero antes de que concluya el capítulo, también somos testigos de la fundación de la ciudad espiritual de Dios. La ciudad de Dios empezó y sigue no como una ciudad física sino una espiritual. Leemos que Adán y Eva tuvieron un hijo al cual nombraron Set, y que «entonces los hombres comenzaron a invocar el nombre de Jehová» (Gén. 4:26). Ahí está, la ciudad espiritual de Dios; una ciudad edificada alrededor de la invocación a Dios, en vez de dejarlo afuera. Una ciudad construida con humildad en lugar de orgullo, dependencia en lugar de independencia. Los que habitan en esta ciudad reconocen que la seguridad y la trascendencia que necesitan solo puede venir de Dios.

La ciudad de Babel

Varios capítulos más adelante en Génesis, leemos: «Y aconteció que cuando salieron de oriente, hallaron una llanura en la tierra de Sinar, y se establecieron allí. [...] Y dijeron: Vamos, edifiquémonos una ciudad y una torre, cuya cúspide llegue al cielo; y hagámonos un nombre, por si fuéremos esparcidos sobre la faz de toda la tierra» (Gén. 11:2-4). Dios siempre había querido que toda la tierra fuera habitada por personas que reflejaran Su gloria e invocaran Su nombre como Señor. Pero estas personas no se estaban esparciendo; se establecieron en Sinar, con la esperanza de encontrar cierta seguridad en los números y trascendencia en su proyecto unido. En vez de darle gloria a Dios, quisieron crear su propia gloria. Sin embargo, les salió el tiro por la culata. Dios descendió sobre ellos y confundió sus idiomas, de manera que ya no podían tramar contra Él. El nombre de aquella ciudad fue Babel, que significa: «confusión». Se hicieron un nombre, sin duda, pero no era exactamente lo que esperaban.

La ciudad de Sodoma

Una de las familias dispersadas por la tierra terminó en Ur de los Caldeos, una ciudad en el país de Babilonia. (Babel se transformó en Babilonia, en el país de Babilonia). Y tal como veremos en toda la historia de la ciudad, Dios siempre está llamando a Su pueblo a salir de Babilonia y hacer su hogar en la ciudad de Dios. Ese fue el caso de Abraham. «Pero Jehová había dicho a Abram: Vete de tu tierra y de tu parentela, y de la casa de tu padre, a la tierra que te mostraré» (Gén. 12:1). El escritor de Hebreos nos dice:

> Por la fe Abraham, siendo llamado, obedeció para salir al lugar que había de recibir como herencia; y salió sin saber a dónde iba.

> Por la fe habitó como extranjero en la tierra prometida como en tierra ajena, morando en tiendas con Isaac y Jacob, coherederos de la misma promesa; porque esperaba la ciudad que tiene fundamentos, cuyo arquitecto y constructor es Dios. (Heb. 11:8-10)

A Abraham no le interesaba construir una ciudad para protegerse *de* Dios; esperaba una ciudad edificada *por* Dios. No obstante, su sobrino Lot veía las cosas de otra manera. «Abram acampó en la tierra de Canaán, en tanto que Lot habitó en las ciudades de la llanura, y fue poniendo sus tiendas hasta Sodoma. Mas los hombres de Sodoma eran malos y pecadores contra Jehová en gran manera» (Gén. 13:12-13).

Llegó el día en que Dios se cansó de la maldad de Sodoma. Un gran clamor de todas las víctimas pobres y necesitadas de Sodoma, de las víctimas de violencia e injusticia sexual, llegó hasta Dios (Ezeq. 16:49). Dos ángeles fueron a la ciudad, y « los hombres de la ciudad, los varones de Sodoma, todo el pueblo junto, desde el más joven hasta el más viejo» (Gén. 19:4) exigieron que los visitantes angelicales salieran de la casa de Lot para poder violarlos. «Y al rayar el alba, los ángeles daban prisa a Lot, diciendo: Levántate, toma tu mujer, y tus dos hijas que se hallan aquí, para que no perezcas en el castigo de la ciudad». Pero leemos que Lot se demoró. Estaba muy apegado a Sodoma. En otras palabras, era como nosotros. Una parte de él detestaba el mundo, pero había otra parte que amaba el mundo y que no quería alejarse de él. Felizmente para Lot, los visitantes angelicales «asieron de su mano, y de la mano de su mujer y de las manos de sus dos hijas, según la misericordia de Jehová para con él; y lo sacaron y lo pusieron fuera de la ciudad» (Gén. 19:15-16). ¡Qué imagen de lo que necesitamos que Dios haga por nosotros! A menos que, en Su misericordia, Dios nos tome de la mano a nosotros y nuestros seres queridos y nos saque, pereceremos junto con todos los demás habitantes de la ciudad del hombre.

La ciudad de Jerusalén

En la época de Abraham, había una ciudad llamada Salem, que significa *shalom* o «paz». Un rey bueno llamado Melquisedec, que también era sacerdote de Yahvéh, reinaba allí (Gén. 14:18). Con el tiempo,

Salem fue conquistada por los jebuseos, los cuales edificaron un muro alrededor de la ciudad y la llamaron Jebús (1 Crón. 11:4). Cuando el pueblo de Dios fue llevado a la tierra de la promesa, el Señor les dio posesión de muchas de las ciudades de Canaán, pero hubo una ciudad que no pudieron conquistar: la ciudad de Jebús. Cuando David se transformó en el rey de Israel, necesitaba una ciudad capital ubicada en el centro de las doce tribus, una ciudad que se transformara en una fortaleza para soportar ataques. Jebús era esa ciudad.

David tomó la ciudad de Jebús y la renombró Jerusalén. Se transformó en la ciudad en la que el rey de Israel tenía su palacio. De manera más significativa, se transformó en la colina santa donde el mismo Dios habitaba en Su templo entre Su pueblo. Jerusalén debía ser una ciudad santa, la «ciudad del *shalom*». Debía ser una ciudad donde el pueblo de Dios se deleitara en la presencia del Señor en medio de ellos, en lugar de edificar muros para dejarlo afuera. Debía ser una ciudad concentrada en la gloria del nombre de Dios y la extensión de Su gobierno. Ese era su diseño original. Sin embargo, no fue lo que sucedió.

La historia de Jerusalén parece confirmar todo lo que hemos llegado a esperar hasta ahora en la historia de la Biblia respecto a una ciudad. Tuvo sus días de gloria. En 1 Reyes, leemos sobre la gloria de la ciudad cuando el mismo Dios vino a habitar en el templo construido por Salomón. Leemos sobre la reina de Sabá que fue a Jerusalén porque quería ver con sus propios ojos si todo lo que le habían contado al respecto era verdad. Pero también leemos que Salomón trajo esposas extranjeras, y con ellas, la adoración a los dioses extranjeros, a la ciudad santa de Jerusalén. Salomón parecía empaparse del elixir que se servía en la ciudad del hombre a medida que construía ciudades para sus carros y jinetes valiéndose de mano de obra de esclavos. Incluso nombró algunas de estas ciudades en honor a dioses paganos (1 Rey. 9:17-18).

En los siglos que vinieron, Jerusalén se mancilló por completo con la idolatría y otros males, incluido el sacrificio infantil. El profeta Isaías se lamentó ante lo que Jerusalén se había vuelto en su época, y escribió al principio de su libro:

> ¿Cómo te has convertido en ramera,
> oh ciudad fiel?
> Llena estuvo de justicia,
> en ella habitó la equidad;
> pero ahora, los homicidas.
> Tu plata se ha convertido en escorias,
> tu vino está mezclado con agua.
> Tus príncipes, prevaricadores
> y compañeros de ladrones;
> todos aman el soborno, y van tras las recompensas;
> no hacen justicia al huérfano,
> ni llega a ellos la causa de la viuda. (Isa. 1:21-23)

El profeta Ezequiel escribió que Jerusalén se volvió incluso más corrupta que Sodoma (Ezeq. 16:48). Dios había destruido Sodoma cuando el pecado de su pueblo se volvió demasiado como para tolerarlo, y de la misma manera, determinó destruir Jerusalén cuando su pecado se volvió demasiado como para soportarlo. Pero en vez de usar el fuego como herramienta de juicio, tal como hizo con Sodoma, Dios decidió usar una ciudad como medio para juzgar a Jerusalén.

La ciudad de Babilonia

La ciudad que Dios decidió usar fue la mismísima Babilonia. Por supuesto, los babilonios y su rey no sabían que eran una herramienta en manos de un Dios soberano, usados para purificar al pueblo de Dios. Cuando marcharon sobre Jerusalén, estaban haciendo tan solo lo que hacían aquellos en la ciudad del hombre: ejercer poder y consumir todo a su paso. Nabucodonosor se llevó al rey de Jerusalén y a toda la élite de la ciudad a Babilonia. Años más tarde, el ejército babilonio volvió a Jerusalén a buscar a los habitantes que quedaban. La ciudad fue quemada y el templo, destruido.

Hasta casi podemos escuchar cómo el rey de Babilonia se golpeaba el pecho, cuando Daniel, uno de los habitantes de Jerusalén llevado a Babilonia, cita que el rey declaró: «¿No es ésta la gran Babilonia que yo edifiqué para casa real con la fuerza de mi poder, y para gloria de mi majestad?» (Daniel 4:30). En las páginas de la Escritura, Babilonia fue y sigue siendo la ciudad del hombre, arrogante, resistente, egoísta y que confía en sí misma y aborrece a Dios.

El profeta Jeremías escribió a los exiliados al principio de su cautiverio en Babilonia para corregir a los falsos profetas que les estaban diciendo que no estarían allí mucho tiempo. Jeremías les dijo a los exiliados que estarían allí 70 años, y les habló de parte de Dios, declarando:

> Edificad casas, y habitadlas; y plantad huertos, y comed del fruto de ellos. Casaos, y engendrad hijos e hijas; dad mujeres a vuestros hijos, y dad maridos a vuestras hijas, para que tengan hijos e hijas; y multiplicaos ahí, y no os disminuyáis. Y procurad la paz de la ciudad a la cual os hice transportar, y rogad por ella a Jehová; porque en su paz tendréis vosotros paz. (Jer. 29:5-7)

Estarían allí bastante tiempo, así que, mientras vivían en la ciudad del hombre, tenían que llevar una vida común y corriente, plantar jardines, casarse y tener hijos. Y por sobre todas las cosas, tenían que orar por el bienestar de la ciudad. Debían meterse de lleno en la Palabra de Dios, no en la palabra de los falsos profetas que había entre ellos o en el adoctrinamiento de Babilonia. De esta manera, estarían construyendo la ciudad espiritual alternativa de Dios en medio de la ciudad del hombre. Como lo expresó Jesús siglos más tarde, serían sal y luz, una ciudad sobre un monte (Mat. 5:13-14). El pueblo de Dios en medio de la ciudad del hombre es llamado a no estar separado sino a diferenciarse bien de los demás habitantes.

Además, debían vivir con la anticipación de ser liberados de Babilonia. Dios tenía un futuro para ellos más allá de la vida en el canal de Quebar, a las afueras de una ciudad pagana. El Señor les dijo a través del profeta Jeremías:

> Cuando en Babilonia se cumplan los setenta años, yo os visitaré, y despertaré sobre vosotros mi buena palabra, para haceros volver a este lugar. Porque yo sé los pensamientos que tengo acerca

> de vosotros, dice Jehová, pensamientos de paz, y no de mal, para daros el fin que esperáis. (Jer. 29:10-11)

La promesa no era que recibirían todo lo que esperaban durante los 70 años que vivieran en Babilonia (así como tampoco se nos promete recibir todo lo que esperamos en los 70 años aproximados de nuestra vida). La promesa era que les esperaba un futuro en la ciudad de Dios. El Señor mismo los llevaría allí. Su esperanza y su futuro era que serían liberados de Babilonia y reestablecidos en la ciudad de Dios. De manera similar, los planes que Dios tiene para nosotros, para nuestro bien y no para mal, son darnos un futuro y una esperanza en Su ciudad.

Con el tiempo, el pueblo de Dios volvió del exilio para reconstruir el templo y la ciudad de Jerusalén. Sin embargo, el templo y la ciudad nunca recuperaron la gloria que habían tenido. Jamás estuvieron a la altura de las visiones que habían tenido los profetas para la ciudad que Dios deseaba para Su pueblo. Isaías escribió sobre una ciudad lo suficientemente grande como para abarcar a las naciones, donde los habitantes vivieran en paz y justicia, sin opresión, temor o terror (Isa. 54:2-3, 11-14). Miqueas escribió que en los «postreros tiempos», pueblos de toda nación llegarían a Jerusalén, con el deseo de aprender los caminos de Dios para poder caminar en ellos. La guerra no existiría y todos tendrían un lugar donde no hay temor (Miq. 4:1-5). Zacarías escribió sobre un día futuro cuando Sion será un lugar de tanta seguridad y paz que jóvenes y viejos podrán sentarse o jugar en sus calles.[2]Anunció que personas de muchas ciudades harán su hogar en la ciudad y disfrutarán del favor y la presencia de Dios (Zac. 8:1-8, 20-23). Ezequiel escribió: «el nombre de la ciudad desde ese día será: el Señor está allí» (Ezeq. 48:35, LBLA).

Las promesas de los profetas y las canciones de los salmistas sobre la ciudad de Dios mantuvieron al pueblo con esperanza y anhelo respecto al día en que el Rey de Dios vendría a la ciudad de Dios y la transformaría en todo lo que debía ser.

La destrucción de Jerusalén

Por fin llegó el día en que el Rey de Dios vino a la ciudad de Dios. Los lectores del Evangelio de Lucas pueden percibir el drama de Su venida. En Lucas 9:51, leemos que Jesús «afirmó su rostro para ir a Jerusalén». En el capítulo 13, leemos: «Pasaba Jesús por ciudades y aldeas, enseñando, y encaminándose a Jerusalén» (v. 22). A medida que avanzaba hacia allí, algunos fariseos se le acercaron para decirle que no debía ir a Jerusalén, porque Herodes quería matarlo. Jesús respondió así a esta advertencia: «Es necesario que hoy y mañana y pasado mañana siga mi camino; porque no es posible que un profeta muera fuera de Jerusalén» (v. 33). ¿Escuchas la ironía? Aunque Jerusalén tendría que haber sido una ciudad que siempre amara y escuchara la Palabra de Dios a través de Sus profetas, su triste historia incluye el rechazo e incluso la matanza de muchos profetas de Dios (ver 2 Crón. 24:20-22; Jer. 26:20-23; 38:4-6).

El más grande de todos los profetas, Aquel que no solo habla la Palabra de Dios sino que *es* el Verbo de Dios hecho carne, se estaba preparando para entrar a Jerusalén. Y desde que Jesús «afirmó su rostro para ir a Jerusalén», dirigirse a Jerusalén siempre había significado ir a morir allí. La segunda parte de Su respuesta no fue para nada irónica; estaba llena de lamento por lo que podría haber sido. El corazón de Jesús estaba roto por cómo Jerusalén había rechazado la gracia de Dios. «¡Jerusalén, Jerusalén, que matas a los profetas, y apedreas a los que te son enviados!», se lamentó Jesús. «¡Cuántas veces quise juntar a tus hijos, como la gallina a sus polluelos debajo de sus alas, y no quisiste!» (Luc. 13:34).

Poco tiempo después, mientras Jesús pasaba por los pueblos de Betfagé y Betania en un pollino, las personas arrojaban sus túnicas y lo bendecían como el Rey que venía en nombre del Señor. Pero cuando se acercó a Jerusalén y vio la ciudad, Lucas escribe que lloró (Luc. 19:41). En realidad, la palabra usada para «lloró» no es la que pensaríamos para llorar, secarse un poco los ojos cuando algunas lágrimas nos caen por las mejillas. La palabra usada por Lucas describe más bien un gemido, algo como lo que muestran los documentales de televisión de funerales en Oriente Medio. Jesús gimió con profunda pena por la destrucción futura de la ciudad tan importante para la obra de Dios en el mundo. Gimió diciendo:

> ¡Oh, si también tú conocieses, a lo menos en este tu día, lo que es para tu paz! Mas ahora está encubierto de tus ojos. Porque vendrán días sobre ti, cuando tus enemigos te rodearán con vallado, y te sitiarán, y por todas partes te estrecharán, y te derribarán a tierra, y a tus hijos dentro de ti, y no dejarán en ti piedra sobre piedra, por cuanto no conociste el tiempo de tu visitación. (Luc. 19:42-44)

Jesús fue claro en estos pasajes sobre la razón del juicio que venía: un rechazo de la Palabra de Dios y del Hijo de Dios. Cuando los ejércitos romanos de Tito llegaron en 70 d.C., no fue meramente una consecuencia de los caprichos imperialistas de la potencia mundial de la época. Los ejércitos de Tito fueron una herramienta usada por Dios para juzgar a Su amada ciudad. La causa de este juicio era la renuencia de la ciudad a ser reunida bajo la seguridad que Dios proporcionaba, una ceguera y un rechazo de la realidad de la presencia de Dios en medio de ella durante «el tiempo de [su] visitación». La Jerusalén terrenal fue rechazada por Dios debido a su rechazo de Jesús.

El Señor se preparó para entrar a Jerusalén sobre un burro, lo que significaba que el Rey de Dios por fin había llegado a la ciudad de Dios. Las puertas tendrían que habérsele abierto de par en par. Los sacerdotes tendrían que haber flanqueado el camino. Herodes tendría que haber salido de su palacio para postrarse ante el Rey verdadero. En cambio, Jerusalén crucificó a su rey a las afueras de la ciudad. Preocupada por la pureza ritual pero no una pureza verdadera, Jerusalén no quería tener la presencia de un cadáver dentro de la «ciudad santa». Por supuesto, Jerusalén no era santa. Con su abuso de poder, su determinación de mantener afuera a Dios, su idolatría del templo y de la ley, y su confusión, Jerusalén se había transformado en Babilonia.[3] A las afueras de la ciudad fue donde el Hijo puro de Dios cargó sobre sí con la corrupción, la opresión, la obsesión con el yo y el rechazo de Dios de la ciudad del hombre. Jesús cargó sobre sí con el juicio que merecían aquellos que habían llegado a amar la ciudad del hombre, para que un día, todos aquellos que estén dispuestos a huir de esa ciudad a la persona de Cristo sean invitados a hacer su hogar para siempre en la ciudad de Dios.

Cuarenta días después de que Jesús resucitó de los muertos, el Cristo resucitado ascendió al cielo. Diez días más tarde, la edificación de la ciudad de Dios se emprendió a toda marcha. El Espíritu Santo descendió y revirtió la maldición de la antigua ciudad de Babel. Personas «de todas las naciones bajo el cielo» (Hech. 2:5) estaban allí en Jerusalén, reunidas para la fiesta de Pentecostés. Había algo que las dividía: el idioma. Pero de repente, el Espíritu de Dios descendió, y los apóstoles empezaron a hablar con lenguas de fuego, de manera que todos escucharon el evangelio en su propio idioma. Desde la ciudad de Jerusalén, el evangelio comenzó a esparcirse a toda Judea y Samaria, y hasta los confines de la tierra. Cuando leemos la historia en Hechos, vemos una y otra vez que la Palabra de Dios se extendía. Dondequiera que iba, revivía a las personas; dondequiera que iba, la gente empezaba a invocar el nombre del Señor.

Y tal como Jesús había dicho, pronto llegó el día en que la ciudad terrenal de Jerusalén quedó completamente destruida. Su lugar especial dentro de los propósitos de Dios llegó a su fin. A pesar de lo que muchas teologías cristianas modernas exponen sobre un lugar futuro para la ciudad terrenal de Jerusalén de Oriente Medio en la consumación de la historia humana,[4] una vez que Jerusalén rechazó a Cristo, vemos en la Biblia un alejamiento decidido de la Jerusalén terrenal hacia la Nueva Jerusalén celestial. «Porque no tenemos aquí ciudad permanente, sino que buscamos la por venir», declara el escritor de Hebreos (Heb. 13:14). «Sino que os habéis acercado al monte de Sion, a la ciudad del Dios vivo, Jerusalén la celestial» (Heb. 12:22). «Mas la Jerusalén de arriba, la cual es madre de todos nosotros, es libre», escribe Pablo (Gál. 4:26).

Ah, amigo mío, ¡esta es la ciudad en la que queremos vivir, la ciudad que llegará! Es la ciudad en la que queremos echar raíces profundas. Deseamos anclar allí todas nuestras esperanzas. Esta es la ciudad, la única ciudad, que durará para siempre.

La destrucción de Babilonia

En los últimos capítulos de la Escritura, se hace cada vez más claro que la Biblia es una historia de dos ciudades. En estos capítulos finales, somos testigos de la destrucción final de Babilonia, la ciudad del hombre, así como de la entrada tan esperada por el pueblo de Dios a la ciudad real y duradera de Dios, la Nueva Jerusalén.

Babilonia, la ciudad del hombre, es atractiva con su idolatría, seductora con su belleza, embriagante con sus placeres, y potenciadora con sus proyectos. Pero también es engañosa en cuanto a su destino. Su destino es la absoluta destrucción. Cristo volverá y pondrá fin a la influencia de Babilonia y a su persecución del pueblo de Dios. Todas las cosas de las cuales se jacta Babilonia (su belleza, sus riquezas, su poder y su calidad de vida) desaparecerán para siempre, fundidas en el fuego del juicio divino. Todo lo que Babilonia promete a personas como tú y yo (las comodidades que provee el dinero, la trascendencia que brindan los logros personales) será arrancado y destruido. Debido a este juicio venidero, escuchamos que Dios llama a Su pueblo, diciendo:

> ... Salid de ella, pueblo mío, para que no seáis partícipes de sus pecados, ni recibáis parte de sus plagas. (Apoc. 18:4)

No te engañes pensando que este pasaje de Apocalipsis está dirigido a una generación futura. Este es el llamado de Dios para ti y para mí ahora, hoy. Por ahora, vivimos en Babilonia, la ciudad del hombre, pero debemos vivir aquí con los bolsos preparados y el corazón dispuesto a salir de ella para vivir eternamente en la ciudad de Dios cuando escuchemos que nuestro verdadero Rey nos llama. Somos llamados a vivir en la tensión de estar en este mundo pero no pertenecer a él. ¿Sientes esa tensión?

Como extraños y exiliados, «claramente [damos] a entender que [buscamos] una patria [...]. Pero [anhelamos] una mejor, esto es, celestial; por lo cual Dios no se avergüenza de llamarse Dios de [nosotros]; porque [nos] ha preparado una ciudad» (Heb. 11:14-16). La historia de la ciudad que va desde Génesis a Apocalipsis nos invita a poner el corazón en la ciudad de Dios, a plantar allí raíces, invertir nuestras vidas y hallar nuestra vida ahí, en la Nueva Jerusalén, la cual durará para siempre.

La nueva Jerusalén

Un ángel le dio al apóstol Juan un anticipo de esta ciudad. Vio «la santa ciudad, la nueva Jerusalén, descender del cielo, de Dios» (Apoc. 21:2). No volveremos al jardín. En cambio, nos dirigimos a una ciudad parecida a un jardín. Dios se ha apoderado de la mismísima cosa creada para apartarla —la ciudad— y la está transformando en un hogar para Su pueblo, que será mejor que el Edén.[5] En vez de codiciar más, como Adán y Eva, todos los que vivan en esta ciudad estarán perfectamente satisfechos. En lugar de temer a la presencia de Dios como Caín, nos deleitaremos en ella. En vez de conspirar juntos para desafiar o desobedecer, como hicieron los habitantes de Babel, todos los habitantes de la Nueva Jerusalén se pondrán de acuerdo para glorificar a Dios y disfrutar de Él para siempre.

Esta ciudad no será el resultado de esfuerzos humanos; será la ciudad en la que Abraham había puesto su corazón, la ciudad con fundamentos cuyo arquitecto y constructor es Dios. Sus muros y sus cimientos tendrán los nombres de las doce tribus y los doce apóstoles. En otras palabras, esta ciudad estará edificada sobre las promesas del evangelio hechas a los patriarcas y el evangelio proclamado por los apóstoles (Gál. 3:8).

Llegará el día en que haremos nuestro hogar en la ciudad más habitable del mundo. Es más, esta ciudad abarcará todo el mundo (Apoc. 21:12). El *tohu wabohu* estará glorioso y plenamente lleno de vida radiante y una relación enriquecedora. Sobrepasará ampliamente cualquier ciudad que se encuentre ahora en una lista de las ciudades más habitables del mundo. Será la ciudad más limpia en la que nadie haya vivido jamás. Nada impuro entrará allí (Apoc. 21:27). Se servirá la mejor comida y vino que cualquiera haya comido o bebido jamás, «banquete de manjares suculentos, banquete de vinos refinados» (Isa. 25:6). En vez de fiestas que duran días, la celebración no acabará jamás (Heb. 12:22). No tendrá tan solo un pasado brillante; irradiará la gloria de Dios para un futuro eterno (Ef. 2:7). No estará solo libre de ventiscas, contaminación y caos; será un lugar sin lágrimas, muerte ni noche (Apoc. 21:4; 22:5). Las calles no solo serán limpias; serán de oro (Apoc. 21:21). En esta ciudad eterna, disfrutaremos de una riqueza al parecer interminable de cosas para hacer y revelaciones infinitas de las bellezas y las perfecciones de Dios.

Esta será la ciudad de la cual cantan los salmistas. Es más, fíjate en lo que dice el Salmo 87 sobre las personas que habitarán en esta ciudad. En realidad, es bastante sorprendente.

> En los montes santos están sus cimientos. El Señor ama las puertas de Sión más que todas las otras moradas de Jacob. Cosas gloriosas se dicen de ti, oh ciudad de Dios: *(Selah)*
>
> Mencionaré a Rahab y a Babilonia entre los que me conocen; he aquí, Filistea y Tiro con Etiopía; de sus moradores se dirá: «Este nació allí». Pero de Sión se dirá: Este y aquel nacieron en ella; y el Altísimo mismo la establecerá. El Señor contará al inscribir los pueblos: Este nació allí. *(Selah)* (vv. 1-6, LBLA)

El salmista está cantando que la ciudad de Dios estará habitada por personas que nacieron físicamente en la ciudad del hombre pero que han renacido espiritualmente en la ciudad de Dios. Personas de Rahab, que se refiere a Egipto y significa «arrogante» en hebreo, entrarán a la ciudad de Dios con humildad. Personas de Babilonia, la ciudad de la confusión, tendrán claridad sobre quién es Jesús. Personas de la combativa Filistea disfrutarán de paz con Dios. Personas de la codiciosa Tiro encontrarán su satisfacción en Dios. Personas de la nación remota y espiritualmente ignorante de Cus escucharán la buena noticia y correrán rumbo a esta ciudad para transformarla en su hogar. Se dirá de todos aquellos cuyos nombres hayan sido registrados por el mismo Dios antes de la fundación del mundo: «Este nació aquí».[6]

Llegará el día en el que todos los que se hayan aferrado a Cristo entrarán por las puertas de perlas. No importará si naciste en la ciudad de Kansas, en Toronto, Yakarta, Hong Kong, Moscú, Nairobi, Bogotá o Sídney. Habrás salido de tu exilio en Babilonia para hacer tu hogar en la Nueva Jerusalén. Aquellos esperando a la puerta mirarán en el Libro de la Vida del Cordero en busca de tu nombre. Y cuando lo encuentren, te señalarán y dirán: «Este nació aquí». Después, te mirarán a los ojos y dirán con una sensación compartida de alivio y gozo: «Bienvenido a casa». ¿No te dan ganas de cantar?

> Los que aman al Señor
> eleven su canción,
> que en dulces notas de loor,
> que en dulces notas de loor,
> ascienda a su mansión,
> ascienda a su mansión.
> A Sion caminamos,
> nuestra ciudad tan gloriosa;
> marchando todos cantamos
> de Dios y la bella mansión.
>
> Cantemos con fervor,
> dejemos el pesar,
> marchemos libres de temor,
> marchemos libres de temor,
> al más feliz hogar,
> al más feliz hogar,
> A Sion caminamos,
> nuestra ciudad tan gloriosa;
> marchando todos cantamos
> de Dios y la bella mansión.[7]

Conclusión

Tú y yo fuimos creados para disfrutar de un ambiente, de un sentido de propósito y satisfacción y de una intimidad con Dios y con los demás incluso mejores de los que disfrutaron Adán y Eva en el Edén. El Edén tenía las semillas de la nueva creación, pero todas ellas explotarán para florecer gloriosas en el cielo nuevo y la tierra nueva. Cuando entremos al nuevo Edén, a nuestro descanso de sábat, el templo final, la Nueva Jerusalén, empezaremos a experimentar todo lo que Dios siempre quiso para Su pueblo.

- Mientras que Adán y Eva se volvieron desconformes con la provisión de Dios en el Edén, que era un jardín en medio de un vasto desierto, los que habiten en la nueva creación estarán perfectamente contentos con la amplia provisión divina en una ciudad jardín que se extenderá hasta los confines de la tierra. Esto significa que tú y yo podemos estar genuinamente contentos, y cada vez más, si todavía no estamos del todo conformes.

- Mientras que el árbol de la vida en medio del Edén les brindaba a Adán y a Eva la promesa de una calidad de vida superior si eran obedientes, el árbol de la vida en la nueva creación proporcionará una vida abundante y una sanidad eternas para todos los que hayan puesto su fe en la obediencia a Cristo. Esto significa que la historia de nuestra vida no tiene por qué tratarse siempre de buscar la buena vida según la definimos, sino de confiar en que Dios proveerá una vida mejor a Su manera y Su tiempo.

- Mientras que Adán y Eva estaban hechos a la imagen y semejanza de Dios, todos los que habitan en el cielo nuevo y la tierra nueva habrán sido hechos nuevamente en verdadero conocimiento, santidad y justicia, sin la posibilidad de que esa imagen se vuelva a contaminar. Esto significa que, en última instancia, nosotros no somos los que escribimos la historia de lo que somos y aquello que seremos. No tenemos por qué buscar un sentido de identidad en nuestra apariencia o nuestros logros. En cambio, nuestra identidad está plenamente arraigada en Cristo y asegurada por quién es Él y lo que ha hecho.

- Mientras que Adán y Eva estaban desnudos y no tenían vergüenza, todos los que están unidos a Cristo estarán vestidos de Su justicia real y nunca más serán vulnerables a la vergüenza. Se vestirán de inmortalidad, de manera que la muerte ya no pueda tocarlos. Esto significa que nuestra historia no tiene que ver con crear una imagen positiva de nosotros. Como sabemos que estamos siendo revestidos de la justicia de Cristo y que despertaremos de la muerte con las vestiduras de la inmortalidad, no hace falta que nos obsesionemos con nuestro guardarropas o con las señales de envejecimiento. No tenemos por qué vivir bajo el peso de la vergüenza ni con temor a la muerte. Podemos confiar en que Dios nos está vistiendo de santidad, belleza y gloria.

- Mientras que Adán fracasó y le echó la culpa a su esposa, nuestro Esposo, Jesús, no fracasará y llevará a Su esposa, la Iglesia, a una nueva ciudad jardín en la que disfrutará de ella para siempre. Esto significa que, aunque podemos desear o disfrutar del amor de otro esposo humano en esta vida, no esperamos que ningún ser humano nos ame como más necesitamos ser amados. El amor de cualquier ser humano será una sombra débil del amor pleno y eterno de Cristo.

- Como Adán y Eva fracasaron en la tarea que tenían para hacer en Edén, no llegaron al descanso del séptimo día preparado para ellos. Pero como Cristo completó la obra que el primer Adán no pudo completar, todos los que se unen a Él mediante la fe entrarán a un descanso eterno con Dios. Esto significa que la historia de nuestra vida no tiene por qué ser la de una semana agotadora tras otra, siempre intentando ir al frente de las exigencias. El mundo, la familia y nuestra vida no se derrumbarán si nos tomamos tiempo para descansar y concentrarnos en la obra que Cristo logró, y en lo que está por venir. Cuando recordamos constantemente este descanso prometido, descubrimos que podemos descansar de verdad aquí y ahora.

- Mientras que el primer Adán permitió que el mal, en la forma de una serpiente, invadiera el Edén y trajera ruina a la tierra, Jesús, el último Adán, le aplastó la cabeza a la serpiente antigua y un día lo destruirá para siempre, de manera que nada malo pueda entrar a la nueva creación. Esto significa que la historia de nuestra vida no estará libre de luchas. El enemigo está en nuestra contra, y busca destruirnos. Pero como estamos unidos a Cristo, sabemos que, aunque el enemigo puede ganar algunas batallas en nuestras vidas, no puede ganar la guerra por nuestra alma.

- Mientras que Adán y Eva fueron obligados a salir del santuario del Edén donde habían experimentado la presencia de Dios, todos los que están siendo hechos puros serán bienvenidos a la santidad del nuevo templo que cubrirá toda la tierra, donde habitarán para siempre en la presencia de Dios. Esto significa que no depende de nosotros hacernos lo suficientemente puros como para vivir en Su presencia. Él está obrando, limpiándonos y renovándonos, para satisfacer el deseo de Su corazón, que es habitar con Su pueblo (eso nos incluye a ti y a mí) para siempre.

- Mientras que Adán y Eva vivían en un jardín invadido por la ciudad del hombre, todos los que han renacido por el Espíritu vivirán para siempre con la seguridad y la serenidad de la ciudad de Dios, la Nueva Jerusalén. Esto significa que, aunque nos encontremos viviendo en la ciudad del hombre, la cual nos miente e intenta atraparnos con sus seducciones, no nos define ni puede adueñarse de nosotros. Vivimos aquí como extranjeros y advenedizos. Nuestras raíces, nuestra ciudadanía y nuestra esperanza están ancladas en el suelo de la ciudad de Dios.

Esta historia de la Biblia, amigos míos, es la historia que tiene el poder de cambiar todo en tu vida y tu eternidad futura. Que puedas hallarte en esta historia y en su final feliz. Que puedas hacer tu hogar, incluso ahora, en Cristo, y que algún día, Él pueda recibirte en Su hogar eterno, que será aun mejor que el Edén.

Guía de debate

A continuación, hay algunas preguntas sugeridas para debatir en grupo. No necesariamente están diseñadas para llegar a una respuesta «correcta», sino para generar una reflexión más profunda sobre el tema de cada capítulo, animar a abrir el corazón en un grupo y sacar conclusiones teológicas y prácticas.

Puedes encontrar perspectivas para estas preguntas y ayuda para guiar el debate en la Guía para el Líder, disponible en inglés para descargar en http://www.nancyguthrie.com/even-better-than-eden.

Si los miembros de tu grupo están haciendo las preguntas de Estudio Bíblico Personal para cada capítulo (disponibles para descargar en inglés en http://www.nancyguthrie.com/even-better-than-eden), tal vez también quieras incluir algunas de esas preguntas y respuestas de los participantes en su debate.

Capítulo 1: La historia del desierto

1. En algún momento, la mayoría de nosotros tiene una sensación de vacío o insatisfacción. ¿Has visto esto en tu vida? ¿De qué maneras?

2. ¿Cómo sembró la serpiente las semillas del descontento en Eva? ¿Cómo empezó Eva a percibir una carencia en su vida?

3. Tal vez nunca antes hayas considerado que había un desierto afuera del jardín del Edén que era necesario someter, o que la tarea de Adán y Eva, junto con sus hijos, era extender los límites del jardín hasta que todo estuviera ordenado y lleno de portadores de imagen que glorificaran a Dios. ¿Tiene sentido esto para ti? ¿Por qué o por qué no? A medida que

consideras esta pregunta a la luz de los propósitos que Dios reveló en el resto de la Biblia, podrías mirar Génesis 12:3; el Salmo 8, Isaías 45:18; Hechos 1:8 y Apocalipsis 5:9-10.

4. Deuteronomio 8:3 afirma que Dios permitió que Su pueblo pasara hambre para que supiera que no solo de pan vive el hombre, sino de toda palabra que sale de la boca del Señor. ¿Qué significa en nuestra época vivir de toda palabra que sale de la boca del Señor? ¿Cómo puede nuestra insatisfacción llevarnos a vivir de esta manera?

5. ¿De qué forma(s) entró Jesús al desierto —el *tohu wabohu*— de este mundo, y por qué es importante?

6. ¿Qué nos enseña Pablo respecto a contentarnos mientras vivimos en el desierto de este mundo, donde las espinas de la maldición producen dolor? (Ver 2 Cor. 12:1-10)

7. ¿De qué manera el jardín del cielo nuevo y la tierra nueva será aún mejor que el jardín que disfrutaban Adán y Eva en el Edén?

8. ¿Cómo puede esta historia de descontento y contentamiento en el desierto transformar nuestra propia falta de satisfacción en el desierto de este mundo?

Capítulo 2: La historia del árbol

1. ¿Cómo definirías «la buena vida»? ¿Cómo crees que la mayoría de las personas del mundo la define hoy? ¿Cómo hacen para conseguirla para sí?

2. No se nos dice si Adán y Eva comieron del árbol de la vida antes de comer del árbol del conocimiento del bien y del mal y fueron expulsados del Edén. ¿Qué ves en Génesis 3:22 y Apocalipsis 2:7 que pueda sugerir que no lo hicieron?

3. ¿Cómo explicarías el propósito de Dios para el árbol del conocimiento del bien y del mal en el Edén? ¿Para qué quiso usar el árbol la serpiente?

4. ¿Qué tendría que haber hecho Adán frente al árbol del conocimiento del bien y del mal?

5. ¿Cómo fue la respuesta del segundo Adán a la tentación respecto al árbol, en un marcado contraste con la del primer Adán, y qué impacto tiene sobre nuestra vida hoy? Lean Romanos 5:12-21 para añadir al debate.

6. ¿De qué manera el árbol de la vida en el jardín del cielo nuevo y la tierra nueva es aún mejor que el que había en el Edén? (Ver Apoc. 22:1-5).

7. ¿Qué revela la historia del árbol de la vida desde Génesis a Apocalipsis sobre lo que significa vivir la buena vida y sobre cómo obtenerla?

8. ¿Cómo nos provee la historia del árbol una guía en nuestra búsqueda de la buena vida?

Capítulo 3: La historia de Su imagen

1. ¿Qué elementos en común suele haber en la manera en que nos presentamos a los demás, tanto en línea como en persona? ¿Qué revelan estas cosas sobre el lugar donde encontramos nuestra identidad?

2. Proporciona tres o cuatro palabras claves que capten la esencia de lo que significa que un hombre sea hecho (y por ende, renovado) a imagen de Dios. (Ver Gén. 1:26; Sal. 8:5-6; Ef. 4:24; y Col. 3:10).

3. En Éxodo 19:4-6 y 20:1-21, Dios le proveyó a Su primogénito, la nación de Israel, un fundamento para un sentido de identidad. ¿Qué debía formar su sentido de identidad, y qué impacto debería haber tenido esto en la manera en que vivían en la tierra que Dios les había dado?

4. Solemos asociar los ídolos con cosas malas. Pero a menudo, los ídolos son algo bueno que se ha transformado en supremo. Un ídolo es cualquier cosa aparte de Cristo sobre la que digamos, a través de nuestras actitudes y acciones: «Necesito esto para ser feliz». La mayoría de nosotros no tiene ninguna intención de inclinarse ante un becerro de

oro, pero ¿cuáles son algunos de los ídolos que adoramos al obtener neciamente nuestra identidad de ellos?

5. Hoy en día, las personas tienen muchas ideas sobre quién es Jesús y por qué vino. ¿Cómo nos proporciona esta historia de la imagen de Dios claridad respecto a Su identidad y Su propósito al venir a la tierra?

6. ¿Qué impacto tiene considerar la transfiguración y la resurrección de Jesús sobre nuestra manera de pensar en lo que implica ser como Él?

7. ¿Cómo será aún mejor la imagen de Dios que portaremos en la nueva creación que la que portaban Adán y Eva en el Edén?

8. ¿En qué sentido esta historia de la imagen de Dios que fue contaminada y luego restaurada tiene el poder de cambiar nuestro sentido de identidad y nuestro destino?

Capítulo 4: La historia de la ropa

1. En Salmos 8:5 y 104:1-2, leemos sobre cómo Dios es coronado, vestido y cubierto. Como Adán y Eva estaban hechos a imagen de Dios, ¿qué sugieren estos pasajes respecto a cómo estarían coronados, vestidos y cubiertos, a pesar de estar físicamente desnudos?

2. Considera la importancia de la vestimenta de los representantes de la realeza y los sacerdotes a través de la Biblia: José en Génesis 37:3, 23 y 41:39-43; los sacerdotes en Éxodo 28; David en 1 Samuel 18:3-4; Daniel en Daniel 5:29; y el hijo pródigo en Lucas 15:21–22. ¿Cómo podría este contexto de toda la Biblia ayudarnos a entender lo que Moisés quería que sus lectores comprendieran cuando escribió que Adán y Eva estaban desnudos pero no tenían vergüenza?

3. Tal vez pensemos en términos de alguien que está vestido o desvestido de la gloria de Dios, pero la Biblia parece presentar distintos grados de gloria. ¿Cómo se evidencia esto en 2 Corintios 3:7-18? ¿Cómo podría esto ayudarnos a entender lo que Dios quería para Adán y Eva en el jardín? (Ver también 1 Cor. 15:40-49; 2 Cor. 5:1-5)

4. Cuando consideramos que Dios vistió a los sacerdotes del Antiguo Testamento de «vestiduras sagradas [...] para honra y hermosura» (Ex. 28:2) junto con la realidad de que desea que todos los creyentes se vistan de esta manera, ¿cómo debería esto moldear nuestra perspectiva sobre la desnudez pública y la pornografía?

5. La perspectiva de la Biblia sobre la belleza es bien distinta a la del mundo (ver Col. 3:12-14; 1 Ped. 3:4). ¿Qué crees que hace falta para que nuestra perspectiva sobre la belleza sea cada vez más formada por la Biblia en lugar del mundo?

6. En 1 Corintios 15:52-53 y 2 Corintios 5:1-5, Pablo escribe que los creyentes serán revestidos de inmortalidad en la resurrección, cuando Cristo regrese. ¿Cómo nos ayuda esto a entender la desnudez de Adán y Eva en el Edén y lo que podría haber sido, si hubieran obedecido con respecto al árbol?

7. ¿De qué manera la vestimenta que usaremos cuando Cristo regrese para llevarnos al cielo nuevo y la tierra nueva será mejor que la vestimenta que tenían Adán y Eva, tanto antes como después de la caída?

8. ¿En qué sentido esta historia de la ropa tiene el poder de cambiar nuestra manera de pensar en cuanto a cómo nos vestimos y lo que nos hace hermosos? ¿Cómo tiene poder para ayudarnos con la vergüenza?

Capítulo 5: La historia del novio

1. En Génesis 2:24, ¿cómo aplica Moisés, el autor de Génesis, el matrimonio de Adán y Eva al matrimonio en esta época? ¿Qué implicaciones de esto enseñó Jesús en Mateo 19:3-8? ¿Qué implicaciones enseñó Pablo en 1 Corintios 6:15-17?

2. Según Génesis 3:6-21, ¿de qué maneras fue afectada la relación entre Adán y Eva por el pecado y la maldición?

3. ¿En qué parte de la Escritura encontrarías un fundamento para la siguiente afirmación: «La historia de la Biblia es la historia de cómo

Dios elige, reúne y hermosea a una novia para Su Hijo»? (Piensa en todas las partes del Antiguo y el Nuevo Testamento para encontrar fundamento escritural general o específico).

4. ¿Cómo tendrían que haber entendido los israelitas de la época la descripción de Juan el Bautista de Jesús como el Novio, y la representación de Jesús sobre sí mismo como el Novio en distintas parábolas? ¿Qué habría significado para ellos haber entendido y abrazado esa realidad?

5. ¿Cómo nos ayuda ver la historia de la mujer junto al pozo a través de la lente del simbolismo del novio en la Biblia a entender tanto la naturaleza de la novia de Cristo como la naturaleza de Jesús como el Novio? (Ver Juan 4).

6. ¿Cuáles son las repercusiones de lo que Pablo afirmó en Efesios 5:31-32? ¿Cómo nos ayudan estos versículos a entender Génesis 2 y Apocalipsis 21?

7. ¿De qué manera el matrimonio del cual disfrutaremos en el cielo nuevo y la tierra nueva será aún mejor que el de Adán y Eva en el Edén?

8. ¿En qué sentido esta historia del novio tiene el poder para cambiar nuestras expectativas respecto del matrimonio humano, así como nuestra anticipación del matrimonio supremo?

Capítulo 6: La historia del sábat

1. ¿Cuál ha sido tu comprensión del sábat o el día del Señor en el pasado? ¿Lo considerabas un regalo o una carga? ¿Dirías que te inclinabas más al legalismo o a la negligencia?

2. Génesis 2 no dice explícitamente que Adán y Eva tuvieran que descansar de su trabajo al séptimo día. Pero ¿cómo podría llevarnos a esa conclusión el patrón de Génesis 1 y 2 de cómo Adán y Eva imitaban a Dios en Su tarea de traer orden a la creación?

3. ¿Cómo explicarías el propósito del mandamiento de Dios a Israel de que no solo las semanas, sino también los años, el uso de la tierra y el cobro de las deudas tomaran una forma sabática?

4. Al igual que muchos de los mandamientos de Dios para el bien de Su pueblo, el mandamiento del sábat se torció y se transformó en una carga con el tiempo. ¿Cómo se ignoraba el sábat en la era del Antiguo Testamento y estaba separado de la verdadera piedad cuando vino Jesús?

5. Al leer los Evangelios, ¿cuál percibes que era el mensaje de Jesús con respecto al día de reposo? (Ver Mat. 12:1-14; Mar. 2:23-28).

6. En el Nuevo Testamento, no hay ningún mandamiento sobre guardar el día de reposo. Sin embargo, hay algunos argumentos bíblicos fuertes que sugieren que Dios sigue deseando que Su pueblo reciba el regalo de un sábat semanal para sustentar Su anhelo de descansar con Él. Ningún otro de los Diez Mandamientos, que estaban escritos sobre una piedra, se han abrogado. Hebreos 4:9 afirma: «Queda un reposo para el pueblo de Dios», al que todavía no hemos entrado y tenemos que reorientarnos habitualmente. ¿En qué sentido considerar el sábat a la luz de la historia general de la Biblia modela tu comprensión de lo que Dios quiere para los creyentes en esta era?

7. ¿De qué manera el descanso sabático del cual disfrutaremos en el cielo nuevo y la tierra nueva será aún mejor que el que Adán y Eva habrían disfrutado en el Edén?

8. ¿Cómo podría esta historia del sábat cambiar tu enfoque respecto al día del Señor?

Capítulo 7: La historia de los hijos

1. En el centro de la historia de los hijos de la mujer y los de la serpiente hay enemistad o conflicto. ¿En qué sentido esta enemistad es tanto juicio divino como gracia divina?

2. ¿Cómo nos ayuda entender la historia de los hijos a encontrarle sentido a:
   - las numerosas genealogías en el Antiguo y el Nuevo Testamento,
   - el predominio de la batalla entre Israel y sus enemigos en los relatos del Antiguo Testamento,
   - los salmos imprecatorios, como el Salmo 69 y el 109,
   - la prominencia de la actividad demoníaca en los Evangelios,
   - la importancia de que Jesús naciera de una mujer,
   - la necesidad de una armadura espiritual para hacer guerra espiritual?
3. ¿Cómo amplía esta historia de los hijos tu comprensión de lo que sucedió en la crucifixión de Jesús?
4. ¿Cómo amplía esta historia tu comprensión de lo que significa tener paz con Dios?
5. ¿Cómo modela esta historia tu comprensión de lo que significa estar protegido por Dios, y cómo deberías orar pidiendo la protección del Señor?
6. ¿Cómo revela esta historia de los hijos la manera en que el cielo nuevo y la tierra nueva serán aun mejores que el Edén?
7. ¿Cómo te ayuda la historia de los hijos a encontrarles sentido a algunas de las luchas que has enfrentado en tu vida, y cómo te brinda esperanza y confianza para tu futuro?

Capítulo 8: La historia de una morada

1. En Génesis 1 y 2 leemos sobre la creación de Dios de un hogar que puede compartir con la humanidad hecha a Su imagen. ¿Cómo nos ayuda entender la intención de Dios de habitar con un pueblo santo

en una tierra santa a encontrarle sentido al resto de la historia de la Biblia?

2. Éxodo dedica muchos capítulos al diseño y la construcción del tabernáculo, y muchos capítulos en 1 Reyes y 1 Crónicas al diseño y la edificación del templo. Muchos salmos hablan de la morada o la casa de Dios. Y los libros proféticos tienen mucho para decir sobre la profanación, la destrucción y la reconstrucción del templo. ¿Por qué crees que se les presta tanta atención a esta tienda y este edificio en el Antiguo Testamento?

3. Aunque Dios descendió a habitar entre Su pueblo en el lugar santísimo del tabernáculo, y más adelante del templo, seguía habiendo un problema. ¿Cuál era? ¿Cómo se terminó lidiando con el problema?

4. ¿Cómo describirías la relación de Jesús con el templo en Jerusalén según aparece registrada a lo largo de los Evangelios?

5. ¿Cuál crees que es el lugar donde Dios habita en esta era entre la ascensión y el regreso de Cristo?

6. ¿Te parece que un anhelo de ser aliviado de vivir en este mundo enfermo por el pecado es lo mismo que un anhelo de estar en casa con Dios? ¿Por qué o por qué no? ¿Qué cosas evitan que anhelemos estar en casa con Dios?

7. ¿De qué maneras nuestro hogar eterno con Dios será aún mejor que el Edén?

8. ¿En qué sentido esta historia de la intención de Dios de habitar con Su pueblo tiene el poder de cambiar tu manera de vivir como un templo del Espíritu Santo que habla y camina?

Capítulo 9: La historia de la ciudad

1. ¿Qué tienen en común las ciudades de Enoc, Sodoma, Babel y Babilonia?

2. ¿Qué tenían en común las ciudades de Sodoma y Nínive, y qué diferencia había entre ellas? (Ver Gén. 10:10-12; 13:12-13, 19; Jonás 3:1-10).

3. Jerusalén era la ciudad en la que Dios mismo hacía Su hogar en el templo. Es la ciudad donde reinaba el rey de Dios. Estaba llena de potencial. Pero ¿qué le sucedió a la ciudad de Jerusalén, y por qué?

4. ¿Qué revelan las historias de Lot en Sodoma y del pueblo de Dios exiliado en Babilonia sobre la tensión de estar en este mundo pero no ser de este mundo?

5. Si el mandamiento al pueblo de Dios en Apocalipsis es «salir» de Babilonia, para no participar de sus pecados, ¿cómo sería esto en la práctica?

6. ¿De qué maneras nos consuela y nos angustia la representación del destino de Babilonia en la Biblia?

7. ¿En qué sentido la vida en la Nueva Jerusalén será aún mejor que la vida en el Edén?

8. ¿Cómo cambia esta historia de la ciudad la manera en que vivimos ahora en la ciudad del hombre? ¿De qué formas vivimos y funcionamos como ciudadanos del cielo a diferencia de los ciudadanos de la ciudad del hombre?

Notas

Introducción

1. «No es bíblico sostener que la escatología es una especie de apéndice a la soteriología, una consumación de la obra salvífica de Dios. Hay un fin absoluto planteado para el universo, anterior al pecado e independiente de él. El universo, tal como fue creado, fue solo un comienzo, el significado de aquello que no era perpetuación, sino logro. El principio de la relación de Dios con el mundo, desde el comienzo, fue un principio de acción o acontecimiento. El objetivo no era comparativo (es decir, la evolución); era superlativo (es decir, el objetivo final). Este objetivo no solo era anterior al pecado, sino también independiente del pecado». Geerhardus Vos, *The Eschatology of the Old Testament* (Phillipsburg, NJ: P&R, 2001), 73.

Capítulo 1: La historia del desierto

1. «El viento de Dios comenzó a moverse sobre la superficie de las aguas. Aquí, el viento se cierne sobre un cosmos sin eclosionar, esperando para ver qué saldrá de este universo sin forma». Calvin Miller, *Loving God Up Close* (Nashville, TN: Warner Faith, 2004), 10.
2. «Había una diferencia entre las condiciones dentro y fuera del jardín. Génesis 2:5 afirma que "no había ningún arbusto del campo sobre la tierra" (NVI), una referencia a la vegetación útil solamente para campo de pastoreo. Por otro lado, "ni había brotado la hierba", una referencia a la agricultura con irrigación y el esfuerzo humano para producir alimentos. La división entre vegetación del campo y agricultura cultivada significaba que había un límite marcado entre el jardín y el mundo exterior. Dios envió lluvia y creó al hombre para que cultivara alimentos (Gén. 2:6-7); por lo tanto, en el área inmediata del jardín había orden». J. V. Fesko, *Last*

Things First: Unlocking Genesis 1–3 with the Christ of Eschatology (Ross-shire, UK: Christian Focus, 2007), 98.

3. «El objetivo de extender la gloria de Dios a todo el mundo mediante Sus gloriosos portadores de imagen debe entenderse más específicamente como extender los límites del templo del Edén (el cual continuaba con la gloria divina) a toda la tierra». Greg Beale, *A New Testament Biblical Theology: The Unfolding of the Old Testament in the New* (Grand Rapids, MI: Baker Academic, 2011), 38. Más adelante, escribe: «La intención parece ser que Adán debía ampliar los límites del jardín en círculos cada vez más grandes, al extender el orden del santuario del jardín a espacios eternos inhóspitos. Esta expansión incluiría el objetivo de esparcir la presencia gloriosa de Dios. Los principales agentes de esto serían los descendientes de Adán, nacidos a su imagen y por ende portadores de la imagen de Dios y de la luz de Su presencia, a medida que siguieran obedeciendo el mandato dado a sus padres y sometieran los alrededores hasta que el santuario del Edén cubriera la tierra». *Ibid.*, 622.
4. «El pacto de las obras, instituido en el jardín del Edén, era la promesa de que la obediencia perfecta sería recompensada con vida eterna. Adán fue creado sin pecado, pero con la capacidad de caer en pecado. Si hubiera permanecido fiel en el momento de tentación en el jardín (el "período de prueba"), se le habría hecho incapaz de pecar, y habría obtenido una relación eterna e inquebrantable con Dios». Matt Perman, «*What Does John Piper Believe about Dispensationalism, Covenant Theology, and New Covenant Theology?*». Sitio web de Desiring God, 23 de enero de 2011, último acceso: 1 de mayo de 2017, http://www.desiringgod.org/articles/what-does-john-piper-believe-about-dispensationalism-covenant-theology-and-new-covenant-theology.
5. William Williams, «Guíame, oh gran Jehová», 1745.

Capítulo 2: La historia del árbol

1. *Broadcast News*, dirigido por James L. Brooks (Culver City, CA: Gracie Films, 1987).
2. «Aunque la Escritura no menciona explícitamente que a Adán se le fuera a conceder una vida celestial, esto se ve con suficiente claridad como consecuencia legítima de la amenaza opuesta de muerte eterna, y del sello sacramental de esta promesa por el árbol de la vida (una trascendencia que sin duda el hombre conocía). Porque, aunque Moisés la describe de manera oscura (como la mayoría de las cosas concernientes al

pacto, sobre las cuales, como la sombra de una imagen fugaz, apenas si arroja rayos dispersos para representar su desvanecimiento), no cabe duda de que el primer hombre había recibido una revelación más clara de estas cosas». Francis Turretin, *Institutes of Elenctic Theology*, ed. James T. Dennison Jr., trad. George M. Giger, 3 vols. (Phillipsburg, NJ: P&R, 1997), 1:585.

3. La Confesión de Westminster (7.2), declara: «El primer pacto hecho con el hombre fue un pacto de obras, mientras que la vida le fue prometida a Adán, y en él a su posteridad, con la condición de una obediencia perfecta y personal». Ver Gén. 2:17; Rom. 5:12-20; 10:5; Gál. 3:10-12.
4. Agustín, *The Literal Meaning of Genesis*, vol. 2, Ancient Christian Writers, trad. John Hammond Taylor (Mahwah, NJ: Paulist Press, 1982), 38.
5. Turretin, *Institutes of Elenctic Theology*, 1:581.
6. En *Notes on Scripture* (*Works of Jonathan Edwards*, ed. Stephen J. Stein [New Haven, CT: Yale University Press, 1998], 15:392-96), Jonathan Edwards sugiere que el árbol de la vida no dio fruto hasta después de finalizado el período de prueba. Meredith Kline sugiere que la palabra «también» en Génesis 3:22 («ahora, pues, que no alargue su mano, y tome *también* del árbol de la vida, y coma, y viva para siempre») implica que «comer del árbol de la vida estaba reservado para un tiempo y un propósito adecuados en el futuro». Meredith Kline, *Kingdom Prologue: Genesis Foundations for a Covenantal Worldview* (Eugene, OR: Wipf & Stock), 94.
7. Algunos teólogos creen que Adán y Eva habían comido de este árbol desde que Dios dijo: «De todo árbol del huerto podrás comer» (Gén. 2:16). Sin embargo, un aspecto de la vida provista al comer del árbol de la vida es la resistencia al pecado y la muerte, y por cierto este no era el caso de Adán y Eva. Otro argumento a favor de la proposición de que Adán y Eva no comieron del árbol de la vida antes de la caída se encuentra en Apocalipsis 2:7, que dice que el fruto de este árbol solo se le otorga al que «venciere» o al que conquiste; es decir, al que supere las tentaciones de este mundo. Claramente, Adán y Eva no vencieron al mundo y sus tentaciones, lo que sugiere que todavía no habían comido del fruto de este árbol.
8. Thomas Boston, *The Whole Works of the Late Reverend Thomas Boston of Ettrick*, vol. 11 (Aberdeen, UK: George y Robert King, 1852), 193.
9. Francis Turretin ofrece cinco razones por las cuales Dios puso el árbol del conocimiento del bien y del mal en el Edén. Ver Turretin, *Institutes of Elenctic Theology*, 1:579-80.

10. «El árbol en el Edén parece haber sido el lugar simbólico donde se llevaba a cabo el juicio (tal como los tribunales están adornados con algún símbolo de la justicia). El nombre del árbol —"el árbol del conocimiento del bien y del mal"— del cual Adán no debía comer sugiere su tarea magistral. "Discernir entre el bien y el mal" es una expresión hebrea que se refiere a los reyes o a figuras de autoridad que pueden hacer juicios para llevar a cabo la justicia». Greg Beale, *A New Testament Biblical Theology: The Unfolding of the Old Testament in the New* (Grand Rapids, MI: Baker Academic, 2011), 35.
11. «Espiritualmente, nuestros primeros padres murieron el día en que pecaron. Su pecado constituyó su muerte; se alejaron de Dios y su mente se transformó en enemistad con Dios. Judicialmente, también murieron el día en que pecaron; se volvieron sujetos a la maldición. Se puede decir que la muerte psicofísica los alcanzó el día en que pecaron, en el sentido de que quedaron sujetos a la mortalidad». John Murray, *Collected Writings*, 4 vols. (Edinburgh: Banner of Truth, 1977), 2:56.
12. «Esta es la verdad y el misterio esbozados en este tipo antiguo: el árbol de la vida; algo no terrenal sino celestial, no material e irracional (*alogos*) sino místico y racional, no solo significativo y garantía de vida, sino verdaderamente dador de vida. "En él estaba la vida" (Jn. 1:4; es decir, la fuente y la causa de toda la vida). Sin duda, Él es el único árbol, porque nadie excepto Cristo es el autor de la vida eterna (y en ningún otro hay salvación, Hech. 4:12). Nadie excepto Cristo está en el medio del paraíso (Apoc. 2:7) y de la calle de la ciudad (Apoc. 22:2). Cristo está en medio de la iglesia (como un lugar más honroso y adecuado) para estar cerca de todos y difundir Su poder vivificante entre todos; para ser visto por todos, como el centro en el cual todas las líneas de fe y amor deberían encontrarse para someterse a Él. El árbol que lleva fruto (Apoc. 2:7), que produce el fruto más dulce y exquisito para el sustento de los creyentes (Cant. 2:3), da doce clases de fruto (22:2); es decir, el más abundante y rico, que sustenta a las doce tribus de Israel (es para todos los miembros de la iglesia, la cual obtiene todo don necesario para ella de la plenitud del árbol). Da fruto cada mes (es decir, perpetuamente) porque el poder y la eficacia de la justicia y el espíritu de Cristo son perpetuos y eternos para la consolación y la santificación de los creyentes. Sus hojas (perennes y perpetuamente verdes) se usan para la sanidad de las naciones, porque tienen la virtud de sustento (alimentar nuestras almas) y también

son medicinales (la cura más plena para todas nuestras enfermedades, Isa. 53:5; Mat. 11:28)». Turretin, *Institutes of Elenctic Theology*, 1:582.

13. George Bennard, «En el monte Calvario estaba una cruz», 1913.

Capítulo 3: La historia de Su imagen

1. Estas bíos cómicas de Twitter creadas por Mark Shaefer aparecen en varias publicaciones de blog en https://www.businessesgrow.com. Citadas con permiso.
2. Génesis 2:25 sí afirma que Adán y Eva estaban desnudos antes de pecar. Abordaremos más sobre lo que eso implica en el capítulo siguiente.
3. Ver Anthony A. Hoekema, *Created in God's Image* (Grand Rapids, MI: Eerdmans, 1986), 68-73.
4. «La gente se parece a aquello que venera, ya sea para ruina o para restauración». G. K. Beale, *We Become What We Worship: A Biblical Theology of Idolatry* (Downers Grove, IL: InterVarsity, 2008), 16.
5. Greg Beale, *A New Testament Biblical Theology: The Unfolding of the Old Testament in the New* (Grand Rapids, MI: Baker Academic, 2011), 367.
6. Christopher J. H. Wright, *Knowing Jesus Through the Old Testament* (Downers Grove, IL: InterVarsity Press, 1992), *ix*.
7. Ver Hoekema, *Created in God's Image*, 91.
8. Ver Fil. 3:20; Ef. 2:19; Col. 3:1-4; 1 Ped. 2:9.
9. «No queremos decir que nuestro estado final vaya a ser el Edén restaurado *simplicitier* [sencillamente restaurado]. En cambio, se trasciende el Edén: la gloria que se le concedió a Adán en el Edén es restaurada en aquellos que están en Cristo, pero la consumación final de esta gloria resultará en un estado superior incluso al de Edén, porque ya no habrá posibilidad de reversión o caída. Disfrutaremos entonces del estado final de beatitud perfeccionada en comunión con Dios, la cual Adán y Eva habrían disfrutado si hubieran seguido actuando en obediencia confiada». Dane Ortlund, *«Inaugurated Glorification: Revisiting Romans 8:30», Journal of the Evangelical Theological Society* 57 (2014): 116.
10. Apoc. 2:17; 3:12.
11. «El cielo no será una experiencia estática. No fluirá como algo desdibujado y confuso, no será una monotonía interminable, sino que habrá variación, sucesión y novedad. El cielo se desplegará ante nosotros en eras, en una nueva era tras otra [...]. Él traerá aún más honor a sí mismo, mientras nos quedamos boquiabiertos con asombro gozoso ante demostraciones nuevas y maravillosas de Su gloria, santidad, justicia, amor,

misericordia, verdad, creatividad, inmensidad y poder». Raymond Ortlund Jr., sermón, 7 de agosto de 2005, Iglesia Presbiteriana Christ, Nashville, TN.

12. Adelaide A. Pollard, «Haz lo que quieras de mí, Señor», 1906.

Capítulo 4: La historia de la ropa

1. G. William Domhoff, *Finding Meaning in Dreams: A Quantitative Approach* (Nueva York: Plenum Press, 1996), 204. El estudio citado por Domhoff afirma que las tres cuartas partes de los hombres y más de la mitad de las mujeres sondeados informan haber tenido un sueño donde volaban por decisión propia. Descubrieron que el 40 al 50 % tanto de hombres como mujeres informa haber soñado que estaba desnudo o vestido inadecuadamente en público, junto con una sensación fuerte de extrema vergüenza.
2. «Algunos escritos judíos y cristianos antiguos expresan la creencia en que Adán y Eva estaban vestidos con ropas gloriosas antes de la caída, perdieron esa gloria y después intentaron cubrir inadecuadamente su deshonra con hojas de higuera. Algunos sostienen que la ropa nueva dada a Adán y Eva en Génesis 3:21 en realidad poseía algún grado de gloria, que designó a Adán como el primer sumo sacerdote o que señalaba a una herencia más grande de la ropa gloriosa y final de inmortalidad». Greg Beale, *A New Testament Biblical Theology: The Unfolding of the Old Testament in the New* (Grand Rapids, MI: Baker Academic, 2011), 453.
3. «Los intérpretes modernos se han concentrado tanto en la función de cubrir la vergüenza que tiene la ropa que, en general, han pasado por alto lo que los antiguos intérpretes daban por sentado: el uso de la ropa como medio de belleza, gloria e incluso majestad real. En el antiguo Cercano Oriente, los reyes y los ídolos por igual, en la medida en que representaban a los dioses, se esperaba que estuvieran vestidos como una señal y una marca de su autoridad real. Es cierto que la desnudez libre de vergüenza de Adán y Eva en Génesis 2:25 no puede en sí verse como investidura (atuendo) de la gloria de Dios, como creían los antiguos intérpretes. Por otro lado, es importante no desestimar la manera en que la desnudez sin vergüenza (Gén. 2:25) sigue señalando a la necesidad de ropa, si no como antídoto para la vergüenza, como un medio de honra real». William N. Wilder, «*Illumination and Investiture: The Royal Significance of the Tree of Wisdom in Genesis 3*», *Westminster Theological Journal* 68 (2006): 58, 62.

4. Ver Gén. 37:3, 23; 41:39-43; 1 Sam. 18:3-4; Dan. 5:29; Luc. 15:21-22.
5. «En virtud de su creación a imagen de Dios, el hombre bajo el pacto original tenía la condición de gobernante de la tierra bajo Dios, una gloria que reflejaba el dominio que ejercían Dios y las huestes angelicales en el ámbito celestial. Como imagen de Dios, el hombre también poseía la gloria ética de un estado de justicia simple, con la posibilidad de pasar a una gloria más grande de justicia confirmada». Meredith Kline, *Kingdom Prologue: Genesis Foundations for a Covenantal Worldview* (Eugene, OR: Wipf & Stock, 2006), 44-45.
6. Pude entender mejor esto al escuchar una conversación en un *podcast* entre Will Wood, Camden Bucey y Jared Oliphint: «*Ephesians 6:10-17 and a Biblical Theology of Clothing*», *podcast* Christ the Center, sitio web de Reformed Forum, 1 de abril de 2016.
7. «Parecería que las cubiertas de piel, como contraparte antitética de la imagen del diablo, deben entenderse como símbolos de adorno con la gloria de la imagen de Dios. (Comparar el uso posterior de pieles de animales entre las cubiertas del tabernáculo, que eran réplicas simbólicas de la gloria divina)». Meredith Kline, *Images of the Spirit* (Eugene, OR: Wipf & Stock, 1999), 150.
8. La descripción de la ropa de los sacerdotes está adaptada de mi libro anterior *The Lamb of God: Seeing Jesus in Exodus, Leviticus, Numbers, and Deuteronomy*, estudio bíblico *Seeing Jesus in the Old Testament* (Wheaton, IL: Crossway), 2012, 174-75.
9. «Pablo los está exhortando a dejar de identificarse con los rasgos de la antigua vida en el primer Adán y a caracterizarse por aquellos de la nueva vida en el último Adán». Beale, *New Testament Biblical Theology*, 842.
10. «Tal vez interpretemos la desnudez que se menciona aquí como una falta de la gloria plena de esta clase celestial de existencia. En este sentido, incluso nuestra vida terrenal presente se caracteriza por la desnudez, a diferencia de estar vestidos de gloria celestial». Anthony A. Hoekema, *The Bible and the Future* (Grand Rapids, MI: Eerdmans, 1979), 106-7.
11. «Si Adán es deshonroso, esto puede entenderse no desde el punto de vista ético, sino escatológico. Adán es deshonroso en el sentido de que todavía no ha sido glorificado. No es deshonroso en el sentido de que haya pecado, sino de que todavía no ha alcanzado el honor supremo como criatura. Todavía no ha sido glorificado. El contraste es entre la deshonra y la honra, o la gloria». Lane Tipton, «*The Covenant of Works, Adam's Destiny*», conferencia en ST131: Survey of Reformed Theology (2014),

Seminario Teológico de Westminster, Glenside, PA, último acceso: 25 de marzo de 2015, vía ITunesU.

12. Perdóname, querido lector, si parece que apenas he rozado al pasar algo significativo, en mi deseo de mantener el foco de este capítulo en el tema principal. Si no conoces la historia de las breves vidas de nuestra hija Hope y nuestro hijo Gabriel, puedes leer más al respecto en www.nancyguthrie.com, o en mis libros *Aferrándose a la esperanza* (Carol Stream: IL: Tyndale español, 2008), y *Hearing Jesus Speak Into Your Sorrow* [Escucha cómo Jesús te habla en tu dolor] (Carol Stream, IL: Tyndale, 2009).
13. Augustus Toplady, «Roca de la eternidad», 1776.

Capítulo 5: La historia del novio

1. Si disfrutaste ese poema, tal vez te guste este que David me escribió después de que le encogí uno de sus suéteres favoritos en la lavadora: Para Nancy, mi amor, 12 de febrero de 2011: Nuestro amor es como un suéter, / todo cálido y suavecito, / y no estoy hablando de un pulóver de supermercado. / sino de uno bien caro y exquisito. / Todos los que quieren lucirse, / usan vestidos, trajes o algo mejor, / pero si nos gusta la comodidad bien sabemos, / nada hay como un buen suéter, ¡no, señor! / Estoy perdido por tu nuevo tejido, / necesito ese saquito, / tu cuello de tortuga es mi locura, / esa lana es soberana. / Cuando las polillas de las pruebas amenacen / y nos pongan nerviosos, / nuestros corazones entretejidos sabrán / que ahora somos más que esposos. / Verás, nuestro amor es como un suéter increíble, / el más hermoso de todos; / incluso con agua caliente, / ¡encogerlo es imposible!
2. «No es bueno, no porque esté solo (¡puede o no estarlo!), pero sencillamente, porque la tarea es demasiado grande para que la haga solo. Por eso se le da una "ayuda", en vez de una "compañera". [...] Ella le es dada aquí como su "ayuda", que sencillamente significa alguien que trabaja a su lado, para que juntos puedan hacer la tarea». Christopher Ash, *Married for God: Making Your Marriage the Best It Can Be* (Wheaton, IL: Crossway, 2016), 36.
3. R. Kent Hughes, *Genesis: Beginning and Blessing*, Preaching the Word, ed. R. Kent Hughes (Wheaton, IL: Crossway, 2004), 58.
4. Esta perspectiva está tomada de William Taylor, «El propósito de Dios en el matrimonio», sermón, 30 de enero de 2001, St. Helens Bishopsgate, London.
5. Ver Ex. 18:4; Deut. 33:7; 1 Sam. 7:12; Sal. 20; 121:1-2; 124:8.

6. Ray Ortlund Jr., *Marriage and the Mystery of the Gospel*, Short Studies in Biblical Theology (Wheaton, IL: Crossway, 2016), 30.
7. Me resultó útil el resumen de perspectivas de Nick Batzig sobre las posibles interpretaciones de este versículo: http://www.reformation21.org/blog/2016/09/desiring-to-rule-over-genesis.php.
8. «Dada la interpretación de Pablo de Génesis 2:24, esta lógicamente requiere que Eva sea un tipo de la Iglesia. [...] Cristo ha tomado la obra del mandato de dominio y con la asistencia de Su ayuda, de Su novia, la segunda Eva, la Iglesia, lo está cumpliendo». J. V. Fesko, *Last Things First: Unlocking Genesis 1–3 with the Christ of Eschatology* (Ross-shire, UK: Christian Focus, 2007), 167-75.
9. John Piper, *This Momentary Marriage: A Parable of Permanence* (Wheaton, IL: Crossway, 2009), 128.
10. S. J. Stone, «Cimiento de la iglesia», 1866.

Capítulo 6: La historia del sábat

1. Chad Bird, *"The Missing Verse in the Creation Account"*, http://www.chadbird.com/blog/2015/08/28/the-missing-verse-in-the-creation-account.
2. «La obra de Dios de seis días y un séptimo día de descanso indica que Adán debía imitar este patrón en su propia obra. No se sabe cuánto habría durado esto». J. V. Fesko, *Last Things First: Unlocking Genesis 1–3 with the Christ of Eschatology* (Ross-shire, UK: Christian Focus, 2007), 102.
3. Este descanso de consumación fue introducido a la vida del hombre para mostrarle su objetivo. Incluso en el hombre anterior a la caída, el sábat era una señal escatológica, porque su significado yace en la relación entre el hombre y Dios. Es importante notar esto porque da testimonio del elemento fundamental de la escatología en la religión. La escatología es la esencia de la verdadera religión tal como se muestra en la existencia previa a la redención». Geerhardus Vos, *The Eschatology of the Old Testament* (Phillipsburg, NJ: P&R, 2001), 75.
4. «Se desconoce la relación exacta entre el árbol de la vida, la obra de Adán y el descanso escatológico del séptimo día. Se podría suponer que Adán llevaba a cabo las tareas del pacto de obras y que con cada día de reposo, descansaba de sus labores en anticipación a la finalización de su obra y la entrada al eterno séptimo día de descanso de Dios». *Ibid.*, 184. También: «Aunque no se dice explícitamente que Adán imitara a Dios en el descanso del séptimo día de cada semana, muchos han discernido en Génesis 2:3 un mandato creacional para la humanidad de descansar el

séptimo día de cada semana. ¿Acaso Adán, creado a imagen de Dios, no debía reflejar el objetivo divino de descansar al final del proceso creativo, ya que claramente debía reflejar las primeras dos actividades creativas que llevaban a ese objetivo?». Greg Beale, *A New Testament Biblical Theology: The Unfolding of the Old Testament in the New* (Grand Rapids, MI: Baker Academic, 2011), 776-77.

5. «Adán tenía la responsabilidad de llevar a cabo sus obligaciones del pacto, después de lo cual habría entrado a un descanso sabático permanente. El período de prueba se habría terminado, la muerte ya no sería una posibilidad, *posse non mori*, y Adán habría descansado de sus labores como vicerregente sobre la creación, una vez que la tierra estuviera llena de la imagen y la gloria de Dios». Fesko, *Last Things First*, 103. También: «Si este período de prueba hubiera sido exitoso, el sábat sacramental habría pasado a la realidad que tipificaba, y todo el curso subsecuente de la historia de la raza habría sido absolutamente distinto». Geerhardus Vos, *Biblical Theology* (Eugene, OR: Wipf & Stock, 2003), 140.
6. «La obra que dirige al descanso ya no puede ser la del hombre. Se transforma en la obra de Cristo». Vos, *Biblical Theology*, 141.
7. «Israel debía habitar en esta tierra similar a un jardín, adorar y servir a Dios, multiplicar la imagen del Señor y adorarlo en toda la tierra, y al completar su obra, entrar al eterno reposo sabático de Dios». Fesko, *Last Things First*, 127-28.
8. Bird, «*The Missing Verse in the Creation Account*».
9. Ver Mat. 28:1; Mar. 16:2; Luc. 24:1; Juan 20:1.
10. Ver 1 Cor. 4:14; 7:8; Gál. 4:19; 1 Tim. 1:2; 2 Tim. 1:2; Filem. 10; Tito 1:4.
11. Podemos encontrar una visión sumamente creíble que llega a una conclusión distinta de lo que sugiero en este capítulo en https://blogs.thegospelcoalition.org/justin taylor/2010/10/14/schreiner-qa-is-the-sabbath-still-required-for-christians/ o en el libro en el cual se basa el artículo: Thomas Schreiner, *40 Questions about Christians and Biblical Law*, 40 Questions and Answers, ed. Benjamin Merkle (Grand Rapids, MI: Kregel, 2010), 209-18. Otro libro creíble que argumenta una visión distinta a esta es *From Sabbath to Lord's Day: A Biblical, Historical and Theological Investigation*, ed. D. A. Carson (Eugene, OR: Wipf & Stock, 1999). Para apoyar la visión presentada aquí, está el capítulo de Richard Gaffin, «Un descanso sabático le espera al pueblo de Dios», en *Pressing Toward the Mark*, ed. Charles G. Dennison y Richard C. Gamble (Filadelfia: Committee for the Historian of the Orthodox Presbyterian Church, 1986).

12. «Parte de la función de la ley mosaica en la historia de la redención era actuar como un *paedagogos* temporal, un maestro o tutor que enseñara al antiguo pueblo de pacto de Dios su necesidad de un Salvador (Gál. 3:24-25). Entonces, el sábat permaneció en el sábado, al final del trabajo semanal, como una especie de promesa implementada, la cual ofrecía a Israel un descanso eterno si obedecía la ley a la perfección. La persistencia del sábat, al final de una semana de obediencia imperfecta, debía enseñarle a Israel a esperar a un segundo Adán que lograría la redención o el éxodo supremo y obtendría para Su pueblo el día de reposo supremo que el primer Adán había perdido y que ahora nuestras mejores obras no pueden ganar. Ahora que "consumado es" (Juan 19:30), el día de reposo ya no viene al final de la semana laboral, sino al principio. El trabajo mediante el cual se garantiza el día de reposo fue cumplido por Jesús a nuestro favor. Ahora, descansamos en Él y trabajamos con la fuerza que Su gracia salvífica nos provee (Heb. 3:7–4:10). Por eso ahora la iglesia se reúne el primer día de la semana (Juan 20:19; Hech. 20:7; 1 Cor. 16:2; Apoc. 1:10). La nueva creación y la redención perfecta son las grandes realidades que ya son nuestras en Cristo, y las celebramos y disfrutamos de ellas en el día de reposo cristiano. Es una ordenanza del evangelio que es refrescante para nosotros y que glorifica a Dios». David Strain, «*A Well-Spent Sabbath*», revista *Tabletalk*, febrero de 2015, http://www.ligonier.org/learn/articles/well-spent-sabbath.
13. «El cambio del sábat semanal del séptimo día al primero refleja la situación escatológica presente de la iglesia; el cambio al primer día es un indicio de escatología ya cumplido, del descanso escatológico de la nueva creación inaugurado por Cristo, en especial por Su resurrección; la continuación de un día de descanso semanal es una señal de una escatología futura aún, algo que apunta al descanso escatológico que llegará con el regreso de Cristo». Gaffin, *«A Sabbath Rest Still Awaits the People of God»*, en *Pressing toward the Mark*, 51n37.
14. La Confesión de Fe de Westminster (21.8) dice: «Este día de reposo se guarda santo para el Señor cuando los hombres, después de la debida preparación de su corazón y arreglados con anticipación todos sus asuntos ordinarios, no solamente guardan un santo descanso durante todo el día de sus propias labores, palabras y pensamientos acerca de sus empleos y diversiones mundanales; sino que también dedican todo el tiempo al ejercicio de la adoración pública y privada, y en los deberes de caridad y de misericordia».
15. Charles Wesley, «Solo excelso, amor divino», 1757.

Capítulo 7: La historia de los hijos

1. Esta caracterización del mensaje que Dios quiso darles a Adán y Eva está adaptada de Ligon Duncan: «*An Ancient Christmas: The Coming of the Christ in the Old Testament—The Seed*», sermón, 2 de diciembre de 2012, Primera Iglesia Presbiteriana, Jackson, Mississippi.
2. Geerhardus Vos, *Biblical Theology* (Eugene, OR: Wipf & Stock, 2003), 42.
3. Esto se hace explícito en 1 Juan 3:12, donde Juan escribe que Caín «era del maligno y mató a su hermano».
4. «En Egipto, un poste o estandarte de este tipo se reconocía como símbolo del poder de una deidad. Aquí, servía para demostrar que el poder del Señor estaba presente en medio del campamento, concediendo vida a todos aquellos cuyos pecados los habían condenado a muerte a través de la mordida de la serpiente. Por lo tanto, la serpiente transfigurada en el poste demostraba en términos visuales la derrota de los enemigos mortales de Israel, Egipto y Satanás, vencidos por el poder del Señor. [...] El pueblo debía mirar con atención la serpiente de bronce y poner su confianza en el poder de la victoria del Señor sobre el mal, y serían sanos». Iain Duguid, *Numbers: God's Presence in the Wilderness*, Preaching the Word, ed. R. Kent Hughes (Wheaton, IL: Crossway, 2006), 263. Aunque el texto no indica que la cabeza de la serpiente en el poste estuviera aplastada, tiene sentido que la manera en que estaba conectada al poste representara el medio de su salvación, el aplastamiento de la cabeza de la serpiente.
5. Se puede encontrar un enfoque más completo de mi búsqueda por entender las promesas de Dios de protección a lo largo de las Escrituras en mi libro *Hearing Jesus Speak Into Your Sorrow* (Carol Stream, IL: Tyndale, 2009).
6. Martín Lutero, «Castillo fuerte es nuestro Dios», 1529.

Capítulo 8: La historia de una morada

1. Mi esposo David, junto con su socio Rob Howard, crea musicales infantiles fabulosos, divertidos y espiritualmente sólidos para iglesias y escuelas cristianas a través de su empresa, Little Big Stuff Music, con base en nuestra casa. Ver https://littlebigstuff.com/.
2. «El jardín es "el jardín de Dios"; en primera instancia, no una morada en sí para el hombre, sino un lugar de recepción para el hombre a la comunión con Dios en el lugar donde Dios mismo habitaba. [...] No cabe duda respecto al principio del paraíso como la morada de Dios, donde Él

habita para hacer que el hombre more con Él». Geerhardus Vos, *Biblical Theology* (Eugene, OR: Wipf & Stock, 2003), 27-28.

3. «La frase clave que describe el enfoque de Dios en el jardín, tradicionalmente traducida "al aire del día", debería traducirse "como el Espíritu *del día*". "*Espíritu*" aquí denota la gloria de la teofanía, tal como en Génesis 1:2 y en otras partes de la Escritura. Y "del día" tiene la connotación que suele tener en el anuncio de los profetas del gran juicio venidero (comp. también Jue. 11:27 y 1 Cor. 4:3). Aquí en Génesis 3:8 está el día original del Señor, el cual sirvió como el molde prototípico del que salieron las imágenes subsiguientes de los demás días del Señor». Meredith Kline, *Kingdom Prologue: Genesis Foundations for a Covenantal Worldview* (Eugene, OR: Wipf & Stock, 2006), 129.
4. Ver G. K. Beale y Mitchell Kim, *God Dwells Among Us* (Downers Grove, IL: InterVarsity Press, 2014), 21-23.
5. Ver Nancy Guthrie, *The Word of the Lord: Seeing Jesus in the Prophets* (Wheaton, IL: Crossway, 2014), 223.
6. Ver *Ibid.*, 226-29.
7. Cuando el velo del templo se rasgó de arriba abajo, esto puso fin a las tres divisiones del tabernáculo/templo. Ahora, el Espíritu habita en los creyentes, de manera que nos hemos transformado en el «lugar santo» donde habita Dios. Cuando leemos en Apocalipsis 22 sobre las dimensiones de la nueva ciudad/jardín, se trata de un cubo perfecto, lo que sugiere que toda la tierra se habrá transformado en el lugar santísimo. La promesa de Apocalipsis 22:4, que los habitantes del jardín-ciudad-templo «verán su rostro», indica que todos tendrán libre acceso a Dios y al Cordero.
8. Isaac Watts, «Nuestra esperanza y protección», 1719.

Capítulo 9: La historia de la ciudad

1. *«These are the 20 Greatest Cities to Live In»*, Telegraph Media Group Ltd., 14 de junio de 2017, http://www.telegraph.co.uk/travel/galleries/The-worlds-most-liveable-cities/.
2. Cuando David tomó la ciudad de Jerusalén, se la llegó a conocer como la «ciudad de David» o «Sion». David llevó el arca del pacto a la fortaleza de Sion, de manera que se transformó en el centro de adoración y de la presencia de Dios. Cuando escuchamos que se hace referencia a «Sion» en todo el Antiguo Testamento, se indica la ciudad de la presencia de Dios, el centro de las esperanzas del pueblo de Dios y su fuente de ayuda.

Los profetas y los salmistas hablan continuamente de Sion como el lugar desde el cual el Señor reinará un día sobre las naciones como Rey, así que hay una orientación futura a Sion así como una orientación pasada. Pero también hay un aspecto presente de Sion. El escritor de Hebreos afirma que aquellos que confiaron en Cristo «os habéis acercado al monte de Sion, a la ciudad del Dios vivo, Jerusalén la celestial» (Heb. 12:22). Estar en Cristo implica tener una ciudadanía permanente en Sion, la ciudad de Dios.

3. Jacques Ellul, *The Meaning of the City* (Grand Rapids, MI: Eerdmans, 1970), 139-40.
4. «El libro de Apocalipsis claramente conserva el significado de la ciudad histórica de Jerusalén en la comprensión escatológica de la iglesia primitiva. [...] La descripción de Juan de la sublevación final contra "la ciudad que ama", después del reinado de mil años, sin duda coloca a la ciudad futura de Jerusalén en el centro de la imagen escatológica. Por ende, un futuro para esta ciudad concuerda con un futuro reino milenario de Cristo, en el que Israel como nación juega un papel central». Robert L. Saucy, *The Case for Progressive Dispensationalism* (Grand Rapids, MI: Zondervan, 1993), 295-96.
5. G. K. Beale describe repetidas veces el cielo nuevo y la tierra nueva como una «ciudad jardín en forma de templo», en *The Temple and the Church's Mission: A Biblical Theology of the Dwelling Place of God* (Downers Grove, IL: InterVarsity Press, 2004).
6. Me pregunto si Jesús estaba pensando en el Salmo 87 cuando le dijo a Nicodemo, un orgulloso ciudadano de la Jerusalén terrenal: «De cierto, de cierto te digo, que el que no naciere de nuevo, no puede ver el reino de Dios» (Juan 3:3).
7. Isaac Watts, «Los que aman al Señor», 1707.

Bibliografía

Alexander, T. Desmond. *From Eden to the New Jerusalem: An Introduction to Biblical Theology* [De Edén a la Nueva Jerusalén: Una introducción a la teología bíblica]. Grand Rapids, MI: Kregel Academic & Professional, 2009.

Ash, Christopher. *Married for God: Making Your Marriage the Best It Can Be* [Casado para Dios: Cómo potenciar al máximo tu matrimonio]. Wheaton, IL: Crossway, 2016.

Batzig, Nick. «*A Biblical Theology of Clothing*» [Una teología bíblica de la vestimenta]. *The Christward Collective* (blog), 3 de marzo de 2015. Último acceso: 7 de noviembre de 2016. http://info.alliancenet.org/christward/a-biblical-theology-of-clothing.

———. «*Jesus, the True and Greater Gardener*» [Jesús, el verdadero y más grande jardinero]. *The Christward Collective* (blog), 25 de septiembre de 2014. Último acceso: 7 de noviembre de 2016. http://info.alliancenet.org/christward/jesus-the-true-and-greater-gardener.

———. «*The Sin-Bearing, Curse-Removing Second Adam*» [El Segundo Adán que quita el pecado y la maldición]. *The Christward Collective* (blog), 5 de agosto de 2014. Último acceso: 7 de noviembre de 2016. http://www.christwardcollective.com/christward/the-sin-bearing-curse-removing-second-adam-part-1.

———. «*A Tale of Two Trees*» [Una historia de dos árboles]. *The Christward Collective* (blog), 13 de mayo de 2014. Último acceso: 29 de marzo de 2017. http://www.christwardcollective.com/christward/a-tale-of-two-trees.

Beale, G. K. *Una teología bíblica del Nuevo Testamento: El desarrollo del Antiguo Testamento en el Nuevo*. Salem, OR: Publicaciones Kerigma, 2020.

———. *Revelation: A Shorter Commentary* [Apocalipsis: un comentario breve]. Grand Rapids, MI: Eerdmans, 2015.

Beale, G. K., y Mitchell Kim. *God Dwells among Us: Expanding Eden to the Ends of the Earth* [Dios habita entre nosotros: la expansión del Edén hasta el fin de la tierra]. Nottingham, UK: Inter-Varsity Press, 2015.

Begg, Alistair. «*Holy Day or Holiday*» [Día santo o feriado]. Sermón, Iglesia Parkside, Chagrin Falls, OH, 3 de octubre de 1993. Último acceso: 8 de abril de 2017. https://www.truthforlife.org/resources /sermon/holy-day-or-holiday-pt1/.

Begg, Alistair, y Sinclair B. Ferguson. *Name Above All Names* [Nombre sobre todo nombre]. Wheaton, IL: Crossway, 2013.

Bird, Chad. «*The Missing Verse in the Creation Account*» [El versículo faltante en la historia de la creación]. *Chad Bird* (blog), 28 de agosto de 2015. Último acceso: 21 de mayo de 2017. http://www.chadbird .com/blog/2015/08/28/the-missing-verse-in-the-creation-account.

Bucey, Camden. «*Eschatology and the Image of the Last Adam*» [La escatología y la imagen del último Adán]. Conferencia, 2016 Reformed Forum Theology Conference, Iglesia Presbiteriana Ortodoxa Hope, Grayslake, IL, 26 de octubre de 2016. Último acceso: 18 de mayo de 2017. http://reformedforum.org/category/series /events/2016-theology-conference/.

Clowney, Edmund P. *El misterio revelado: Descubriendo a Cristo en el Antiguo Testamento*. Envigado, Colombia: Poiema Publicaciones, 2015.

Clowney, Edmund Prosper, y Rebecca Clowney Jones. *Cómo Jesús transforma los Diez Mandamientos*. Barcelona, España: Publicaciones Andamio, 2019.

Duncan, Ligon. «*An Ancient Christmas: The Coming of Jesus in the Old Testament (The Seed)*» [Una Navidad antigua: la venida de Jesús en el Antiguo Testamento]. Sermón, Primera Iglesia Presbiteriana, Jackson, MS, 2 de diciembre de 2012. Último acceso: 19 de junio de 2017. http://www.fpcjackson.org/resource-library/sermons /the-seed-of-the-woman.

———. *«Covenant of Works»* [Pacto de obras]. Conferencia, Seminario Teológico Reformado, Jackson, MS, 4 de octubre de 2013. Último acceso: 11 de mayo de 2017. http://ligonduncan.com/covenant-of-works-creation-1199/.

Ellul, Jacques, y Dennis Pardee. *The Meaning of the City* [El significado de la ciudad]. Eugene, OR: Wipf & Stock, 2011.

Fesko, J. V. *Last Things First: Unlocking Genesis 1–3 with the Christ of Eschatology* [Las últimas cosas primero: Desentrañemos Génesis 1–3 con el Cristo de la escatología]. Fearn, Ross-shire, UK: Mentor, 2007.

Gaffin, Richard. *«A Sabbath Rest Still Awaits the People of God»* [Un día de reposo aún le aguarda al pueblo de Dios]. In *Pressing toward the Mark*. Editado por Charles G. Dennison y Richard C. Gamble. Filadelfia, PA: Committee for the Historian of the Orthodox Presbyterian Church, 1986.

Hoekema, Anthony A. *La Biblia y el futuro*. Grand Rapids, MI: Libros Desafío, 2012.

———. *Created in God's Image* [Creados a imagen de Dios]. Grand Rapids, MI: Eerdmans, 1986. Horton, Michael, *Covenant and Eschatology: The Divine Drama* [Pacto y escatología: el drama divino]. Louisville, KY: Westminster John Knox, 2002.

———. *Introducing Covenant Theology* [Introducción a la teología del pacto]. Grand Rapids, MI: Baker, 2009.

Horton, Michael, Justin Holcomb, Kim Riddlebarger, y Rod Rosenbladt. *«The Search for a New Adam»* [La búsqueda de un nuevo Adán]. *White Horse Inn* (podcast), 4 de junio de 2017. https://www.whitehorseinn.org/show/the-search-for-a-new-adam-1/.

Jackman, David. *«How to Live in Babylon»* [Cómo vivir en Babilonia]. Sermón, St. Helen's Bishopsgate, Londres, 8 de mayo de 2016. Último acceso: 15 de julio de 2017. http://www.st-helens.org.uk/resources/media-library/src/talk/54862/title/how-to-live-in-babylon.

Keller, Tim. *«Satanic Exposition»* [Exposición satánica]. Sermón, Iglesia Presbiteriana Redeemer, Nueva York, 1 de febrero de 2009. Último acceso: 11 de julio de 2017. https://www.truthforlife.org/resources/sermon/satanic-exposition.

——. «*Tale of Two Cities*» [Historia de dos ciudades]. Sermón, Conferencia Basics 2015, Iglesia Parkside, Chagrin Falls, OH, 13 de mayo de 2015. Último acceso: 17 de mayo de 2015. http://www.gospelinlife.com/a-tale-of-two-cities-6004.

Kline, Meredith G. *Images of the Spirit* [Imágenes del Espíritu]. Eugene, OR: Wipf & Stock, 1999.

——. *Kingdom Prologue: Genesis Foundations for a Covenantal Worldview* [Prólogo del reino: fundamentos de Génesis para una cosmovisión del pacto]. Eugene, OR: Wipf & Stock, 2006.

Lints, Richard. *Identity and Idolatry* [Identidad e idolatría]. Downers Grove, IL: InterVarsity Press, 2015.

Messner, Aaron. «*Remember the Sabbath: The 4th Commandment*» [Acuérdate del sábado: el cuarto mandamiento]. Sermón, Covenant College, Lookout Mountain, GA, 9 de febrero de 2010. Último acceso: 5 de junio de 2013.

Ortlund, Dane. «*Inaugurated Glorification: Revisiting Romans 8:30*» [Glorificación inaugurada: Reconsidera Romanos 8:30] *Journal of the Evangelical Theological Society* 57, n.º 1 (2014): 111-33.

Ortlund, Raymond C. *Marriage and the Mystery of the Gospel* [El matrimonio y el misterio del evangelio]. Short Studies in Biblical Theology. Wheaton, IL: Crossway, 2016.

Piper, John. *This Momentary Marriage: A Parable of Permanence* [El matrimonio momentáneo: una parábola de permanencia]. Wheaton, IL: Crossway, 2009.

——. *Spectacular Sins: And Their Global Purpose in the Glory of Christ* [Pecados espectaculares: y su propósito global en la gloria de Cristo]. Wheaton, IL: Crossway, 2013.

Rishmawy, Derek. «*9 Reasons the Garden of Eden Was a Temple*» [9 razones por las cuales el jardín del Edén era un templo]. *Reformedish* (blog), 7 de diciembre de 2012. Último acceso: 26 de junio de 2017. https://derekzrishmawy.com/2012/12/07/9-reasons-the-garden-of-eden-was-a-temple/.

Smith, Colin S. *Unlocking the Bible Story* [Desentrañemos la historia de la Biblia]. Chicago, IL: Moody Press, 2002.

Starke, Robert. «*The Tree of Life: Protological to Eschatological*» [El árbol de la vida: de lo protológico a lo escatológico]. *Kerux: The Journal of Northwest Theological Seminary* 11 (septiembre de 1996): 15-31.

Strain, David. «*The Seed of the Woman*» [La simiente de la mujer]. Sermón, Primera Iglesia Presbiteriana, Jackson, MS, 27 de noviembre de 2016. Último acceso: 19 de junio de 2017. http://www.fpcjackson.org/resource-library/sermons/the-seed-of-the-woman.

Taylor, Justin. «*Why I Believe in the Covenant of Works*» [Por qué creo en el pacto de obras]. *Between Two Worlds* (blog), Coalición por el Evangelio, 11 de mayo de 2012. Último acceso: 24 de febrero de 2017. https://blogs.thegospelcoalition.org/justintaylor/2012/05/11/why-i-believe-in-the-covenant-of-works/.

Taylor, William. «*Jesus Weeps Over Jerusalem: Luke 19:41–48*» [Jesús llora sobre Jerusalén: Lucas 19:41-48). Sermón, St. Helen's Bishopsgate, Londres, 4 de diciembre de 2005. Último acceso: 6 de julio de 2017. http://www.st-helens.org.uk/resources/media-library/src/talk/9282/title/jesus-weeps-over-jerusalem.

———. «*Marriage 1—God's Purpose in Marriage*» [Matrimonio 1: El propósito de Dios en el matrimonio]. Sermón, St. Helen's Bishopsgate, Londres, 30 de enero de 2001. Último acceso: 2 de junio de 2017. http://www.st-helens.org.uk/resources/media-library/src/talk/6313/title/marriage-i-god-s-purpose-in-marriage.

———. «*Sodom: Two Responses*» [Sodoma: dos respuestas]. Sermón, St. Helen's Bishopsgate, Londres, 23 de febrero de 2014. Último acceso: 14 de julio de 2017. http://www.st-helens.org.uk/resources/media-library/src/talk/53730/title/sodom-two-responses.

———. «*The Temple*» [El templo]. Sermón, St. Helen's Bishopsgate, Londres, septiembre de 2003. Último acceso: 30 de junio de 2017. http://www.st-helens.org.uk/resources/media-library/src/talk/7970/title/5-the-temple.

Tipton, Lane. «*The Archetypal Image in Colossians 1:15: Theological Implications*» [La imagen arquetípica en Colosenses 1:15: implicaciones teológicas]. Conferencia, 2016 Reformed Forum Theology Conference, Iglesia Presbiteriana Ortodoxa Hope, Grayslake, IL,

8 de octubre de 2016. Último acceso: 20 de mayo de 2017. http://reformedforum.org/rf16_05_tipton/.

———. *«The Covenant of Works: Adam's Destiny»* [El pacto de obras: el destino de Adán]. Conferencia, ST131: Survey of Reformed Theology, Seminario Teológico de Westminster, Filadelfia, PA, 25 de marzo de 2015.

———. *«The Image of God: Biblical-Theological Foundations»* [La imagen de Dios: fundamentos bíblicos-teológicos]. Conferencia, 2016 Reformed Forum Theology Conference, Iglesia Presbiteriana Ortodoxa Hope, Grayslake, IL, 15 de octubre de 2016. Último acceso: 18 de mayo de 2017. http://reformedforum.org/category/series/events/2016-theology-conference/.

Tipton, Lane, y Camden Bucey. «Vos Group #5: The Content of PreRedemptive Special Revelation, Part 1» [Grupo n.º 5: El contenido de la revelación especial anterior a la redención, parte 1]. *Reformed Forum* (audioblog), 2 de mayo de 2014. Último acceso: 19 de marzo de 2017. http://reformedforum.org/ctc331/.

Vos, Geerhardus. *Biblical Theology: Old and New Testaments* [Teología bíblica: Antiguo y Nuevo Testamento]. Eugene, OR: Wipf & Stock, 2003.

———. *The Eschatology of the Old Testament* [La escatología del Antiguo Testamento]. Phillipsburg, NJ: P&R, 2001. Wilder, William N. *«Illumination and Investiture: The Royal Significance of the Tree of Wisdom in Genesis 3»* [Iluminación e investidura: el significado real del árbol de la sabiduría en Génesis 3]. *Westminster Theological Journal* 68 (2006): 51-69.

Williams, Paul. *«You Will Trample the Serpent»* [Aplastarás a la serpiente]. Sermón, All Souls Langham Place, Londres, 9 de abril de 2005. Último acceso: 25 de junio de 2017. http://allsouls.org/Media/AllMedia.aspx.

Willson, Mary. *«The Sabbath: A Biblical Theological Approach»* [El sábat: un enfoque teológico bíblico]. Conferencia. Conferencia de mujeres de Coalición por el Evangelio, Orlando, FL, 23 de junio de 2012. Último acceso: 22 de mayo de 2017. http://resources.thegospelcoalition.org/library/the-sabbath.

Wood, Will, Camden Bucey, y Jared Oliphant. «*Ephesians 6:10–17 and a Biblical Theology of Clothing*» [Efesios 6:10-17 y una teología bíblica de la vestimenta]. *Reformed Forum* (audioblog), 1 de abril de 2016. Último acceso: 8 de abril de 2016. http://reformedforum.org/ctc431/.

Wright, Christopher. «*He Casts Down Babylon*» [Él expulsa a Babilonia]. Sermón, All Souls Langham Place, Londres, 8 de julio de 2012. Último acceso: 11 de julio de 2017. http://www.allsouls.org/Media/Player.aspx?media_id=91600&file_id=100776.

«Enjugará Dios toda lágrima de los ojos de ellos; y ya no habrá muerte, ni habrá más llanto, ni clamor, ni dolor; porque las primeras cosas pasaron».

APOCALIPSIS 21:4